# 邏輯對話與其他

一本「阿德勒與青年對話」最原本底功夫——邏輯

殷海光——著

五南圖書出版公司 印行

# 寫在前面

在日常言談之間，在報章雜誌裡面，作者常常聽到或看到「邏輯」一詞被提及。這些範圍之內所提及的「邏輯」，也許是邏輯，也許含有邏輯成分，也許邏輯全不相干。然而，無論如何，由此可見一般人對於邏輯之重視。模糊地或非模糊地意識到邏輯為是非真妄底準則。作者為了使一般青年在思考能力方面得到一點最基本的必要訓練，因而增進他們底理解能力，預備在這裡將日常語言文字中蘊涵的邏輯成分用對話的方式表達出來。

從這一期開始，對話逐次分段在本刊發表。每次大約刊載二、三千字。各集合起來成一小冊，可作邏輯底初學讀物。

# 目錄

第二篇　邏輯究竟是什麼

第一篇

# 邏輯對話

第一次

# 談思想底重要

卓俊文孤獨地沿著翠湖小路慢步。他沉吟著，像在思索什麼。

「喂，往那兒去？」王維倫對面走過來，向他肩頭上一拍。卓俊文像是從沉思中被驚醒了，凝視著王維倫：「我去找芮先生。」

「找芮先生有什麼事？」

「事……倒沒有什麼特別的事。我想向他請教一些問題。」

「請教些什麼問題？」

「我想……問……問些……」卓俊文呑呑吐吐地支吾著，又低下了頭。

「問些什麼？趕快說？」王維倫追問著。

「對於這類問題，我想你是不會發生興趣的。何必對你說呢？」

「你說說看，我沒有興趣，就不再往下問了。」

「我打算向芮先生請教一些關於思想方面的問題。你感到興趣麼？」

「哈哈！你眞是個書獃子，又是那一套來了！這種年頭，兵荒馬亂，老百姓快餓死完了，你還有閑情逸致講什麼思想問題，老共來了，小心點要被清算鬥爭哩！」

卓俊文沒有回答，依然低著頭向前走。

「喂！奉勸你們這些窮酸書生，要認清如今是什麼時代，不必枉費心血，弄那些無益的玄虛！」王維倫提高了他那沙嗓子，粗豪地大笑起來。

「無益的玄虛？」卓俊文被嘲弄的有點不耐，帶著質問的口氣。

「是的，你所弄的盡是無益的玄虛，不說絲毫無補於國計民生，連根油條都換不著吃。哈哈！這個年頭最重要的就是實幹。我看你研究玄虛學問，搞了一生，也未必趕得上跑單幫的呀！」王維倫激動他。

「什麼？趕不上跑單幫的？我才瞧不起那批傢伙哩！他們曉得些啥子？……如果你個人對於有關思想的問題感覺不到興味，那是閣下個人底自由，我不能干涉你。可是，你是不是以為只要實幹，用不著要思想呢？」卓俊文漲紅了臉。

「在實幹的時候，簡截了當去實幹好了，還要有什麼思想！」王維倫乾脆回答。

「哼！你這種觀念根本錯誤。現在就是硬幹蠻幹的人當道，毫無頭腦所以弄到這個地步，把國家弄亡了半邊天！」卓俊文堅決地說著。

「為什麼？」王維倫不大服氣。

「人之可貴，人類之所以和其他動物不同，就是人不僅僅憑著本能來動作，更不僅僅是憑著一時的衝動來動作，而是因為人能夠運用思想來指導行為。如果一個人底思想愈精細愈正確，那末他底行為至少可以免除許多錯誤，或者，可能獲得許多成效。你看，一座高樓大廈，在工人未著手建築之先，必須工程師運用思想精密設計，繪出圖案，然後工人們依照圖案來建築。如果糊裡糊塗，你能造出像中山堂那樣的高樓大廈嗎？由此就可以看出思想底用處了。思想既然有這麼大的用處，而你，像時下某些有槍在手的人物一樣，以為只要實幹就夠了，用不著思想，自己頭腦簡單，甚至嫉惡別人談思想，這不是根本錯誤嗎？」卓俊文滔滔不絕起來。

「如果只有工程師用思想來設計，而沒有工人去做，高樓大廈怎會憑空築成呢？」

「哦！」卓俊文笑道，「閣下不用血氣衝動，稍微冷靜一點好了！請你把我底話聽清楚。我只是說，以為只要實行而無需思想來指導，這種念頭是錯誤的。我並沒有說只要思想就夠了，而不必實行呀！」

「好吧！就算你底話不錯。爲什麼有人底思想非常的清楚精細，可是，作起事來卻不見得比旁人高明。別人姑且不談，就說閣下，一天到晚思想，開口思想，閉口也思想：可是到了上海就像鄉巴佬上街，打不著方向；過年的時候買不到東西吃，只有睡在小屋子裡餓肚皮，你底思想跑到那兒去了呢？」王維倫諷刺似地反駁。

「請你分析清楚，」卓俊文漲紅了臉，「我這話底眞正意義，只是說，人類底行動不可沒有思想爲之指導。可是，這話並不等於說，僅僅有思想，不要行動，我們就可以坐享其成，一切都不成問題。自然咯！如果僅僅有了一個很好的建築設計；而沒有工人來完成，一定成不了高樓大廈的。可是，如果僅僅有了工人，而且假定這些工人一點關於建築學的知識也沒有，那末還不是同其他動物一樣，雖然看見一大堆很好的建築材料，也一定做不出屋子來，可見，僅僅有了思想而沒有行動，固然不會完成什麼事。但是，如果完全沒有思想，缺乏計劃，一味胡幹，我們也成不了什麼事的。比如說吧！多年來中國的政治，就是因爲缺少有思想、有遠見的政治家領導，所以弄得糟糕一團，不能收拾，大家東流西竄，活受罪冤！」卓俊文愈講愈憤慨：「思想之必不可少在此；而它之易於被一般人忽視也正因此。因爲，有了好的思想並不一定在行爲方面現出什麼顯而易見的效果。可是，假若沒有好的思想，在行爲方面一定沒有可觀的效益。我們從這方面來觀察思想對於行爲的關係，便可以看出思想底眞正功能了。至於我到上海不會走路，過年時別人可以買到東西而我買不到，這只怪我缺乏都市生活的習慣與思想毫無關係的。請閣下不必混爲一談。」

王維倫一聲不響，卓俊文恢復了他常有的冷靜。他們向左拐彎了。

（待續）

——原載：《中央日報》，第六版，《青年週刊》第三期「青年知識講座」（臺北：一九四九年三月三十日）

# 第二次 談思想與邏輯

「怎麼樣，不響了！你還有什麼好的意見沒有？」卓俊文打破沉寂。

「我……我……」王維倫似乎陷入迷惘的氣氛裡，「我覺得你說的似乎也有些道理，思想不是沒有用的，不過，我總以爲你說的有些空洞。所謂思想，究竟是什麼東西呢？」

卓俊文微笑起來：「這個問題，是値得討論。本來，我剛才所說的『思想』二字，是有些含混的。『思想』這個名稱，在一般人底嘴裡，包含的意思不止一個。比如說吧！彈詞上的『茶不思，飯不想』，這裡所說的『思』和『想』是表示一種欲望，即是『想』吃東西這類底『想』，並非眞正的思想。『思想起來，好不傷慘人也！』、『舉頭望明月，低頭思故鄉。』這兒所謂的思想，乃是回憶或是懷念。古詩中的『明月何皎皎，垂幌照羅窗，若共想思夜，知同憂怨晨。』此處所說『想思』是憶戀之情。『我想你明天會去找你底女朋友蜜絲趙的。』這裡的『想』是『猜度』的意思。『我想月亮中有瓊樓玉宇，高處不勝寒。』這是想像。『這位左派青年底思想太激烈了！』一般人很容易將思想二字像這樣用。其實，這裡所謂的『思想』，所代表的只是一種情緒，或者更明顯地說，是一種政治情緒，或是對於現實社會不滿的情緒。當然，這種情緒是由他所接受的政治主張或是對於社會的看法激發所生，或者是受到某種政治訓練而反映出來的。無論如何，這不能叫做『思想』。因爲，嚴格地說，思想只有正確與否之問題，或對錯與否之問題根本沒有激烈與否之問題。」

卓俊文頓了一頓，又接著說：「有的時候，所謂的『思想』，所表示的是思想歷程。例如：『大偵探家福爾摩斯將這盜案底內容想了半小時之久』。又有時候，所謂『思想』是指思想底結果而言。例如：『十九世紀歐洲思想』、『老子底政治思想』。還有的時候，所謂『思想』是指思維。比如說『假若你採取同一前提，並且依照同一推論方式，那末你便可以得到與我底結論相同的結論了。』自然，在一般人口頭上，所謂『思想』，還有許多別的意思，我們在此沒有一一列舉底必要。僅僅就以上所列舉的看來，已經足夠使我們明瞭，在日常用語之中所謂『思想』，他底意思該是多麼複雜了。」「可是，」卓俊文加重語氣說：「在這許多意思之中，只有最後的一種與我們現在所要討論的主旨相干。其餘的都不相干。因此，對於其餘的幾種意思，我們可以存而不論，現在只注意到最後一種意思，我們叫它『思維』。」

「如果我們要行動正確，必須使像『政治思想』、『倫理思想』……這一類底思想結果正確。我們要使這一類底思想結果正確，必須使我們底思維合乎正軌，或者至少不違背正軌。我們可以知道，思維歷程，與你演習代數題目時的思維歷程就不必一樣。不過，我們底思維如果根據某些一定的客觀的法則，或者至少沒有違反這些法則，那末我們底思維便可能是合規律的。如果我們底思維是合規律的，那末我們底思維結果也就可能是正確的了。」

「有這樣的規律麼？」王維倫有些驚奇之色。

「有的！的確是有的！」

「那末，是些什麼呢？」

「就是邏輯學所研究的種種規律。」

「這樣說來，要我們底思維不發生錯誤，那末必須將邏輯學究習一下。」

「最好是究習一下。」

「哦！……不過，……你剛才所說的許多話，我並沒有徹底了解。」王維倫有些疑慮。

卓俊文愉快地向他霎了一眼，高興起來：「要徹底了解嗎？自然並不容易。我也不過知道一個大概而已。芮先生是專教這一門的。他研究了許多年。他師從的是什麼羅素、懷德海這些大師，如果你想對於此道有相當的了解，可以去請教他，我現在也正要去向他請教這一類底問題。現在就同我一道兒走，好罷？」

「好的！頂好！」

靜寂的街上，樹蔭底下，兩個人走著一會拐進一條胡同，在一個灰暗的門前停下。這兒是芮教授底住宅。

卓俊文敲著門，阿王應聲開了。

「芮先生在家麼？」

「在家，你請進！」

門內現出一個巧小的花園，杜鵑還在開著，柚子花正放出芬芳的氣息。卓俊文領著王維倫一直向裡面走進去。卓俊文走進客廳，叫王維倫停下。他到書室門口輕輕叫了一聲。一位頭髮蒼白，戴著深度近視眼鏡，身材高大的中年人走出來。

「這位就是芮先生。」卓俊文向王維倫說，又回過頭來，「這是我底同學，他叫王維倫。」

「哦！好！請坐！」芮先生笑著點點頭。

「他今天是來領教的，所以特意同我一道兒來。」卓俊文說明來意。

「很好！很好！我們可以互相討論討論。」芮先生好像一見如故似的。

「二位請吃茶！」阿王端上了茶。

卓俊文呷了幾口，問道：「我們想明瞭邏輯學底用處。請問芮先生，大學一年級把邏輯學列爲必修科，究竟是爲什麼呢？邏輯學有什麼用處呢？」

芮先生將眉頭皺了一皺，低下了頭，現出了他常有的沉思姿態。「啊呀！這個問題可不容易答覆，似乎也不是幾句話講得明白的。而且你所謂的『用』字，含義就非常之多，如果你所謂的『用』是像一般人所說的吃飯有用，可以飽肚皮之用，這種『用』就是直接的實際『用』。這樣的『用』，邏輯學是沒有的。我想，……不僅是邏輯學沒有這樣的『用』處……恐怕歷史、哲學，以及一切純粹科學都沒有這樣的『用』處，如果所謂的『用』不限於這樣直接的範圍，那末……我們是可以說邏輯學是有用處的。」

芮先生抽了一口烟，抬起了頭，繼續說道：「從一方面著想，究習邏輯學的人，久而久之，可能得到一點習慣，就是知道有意地怎樣避免在思維歷程中的種種，心理因素底干擾，最顯著的情緒，如痛苦、快樂、愛好、憎惡等等。這些心理上的因素，一攙進思維過程之中，不知不覺地會將思維底行進弄偏差了。思維底行進一偏差，那末思維底結果自然也就發生問題。這種情形，說出來似乎不難了解，可是我們在思考時並不容易察覺，而邏輯訓練較久，得到一點習慣的人，避免這些毛病的能力……恐怕……是要強一點。」

「我還不十分了解您所說的，」王維倫追問道：「您可不可以講得更詳細一點呢？」

「好，我再把剛才所說的表示一下，」芮先生說：「人是喜、怒、哀、樂、愛、惡、欲等等心理情形都具備的。這些心理情形，與思維作用常常攪混在一起，在一般人，思維作用總是與這種種情緒。□

——原載：《中央日報》，第六版，《青年週刊》第四期「青年知識講座」（臺北：一九四九年四月六日）

第三次

# 談「去心中之賊」

「妨害正確思想的心理情形眞是太多了！我現在只列舉幾種最常見的吧！第一，我要特別舉出成見。成見是一種最足以妨害正確思維的心理情形。」老教授嚴肅地說，「譬如，一個人早先聽慣了某種言論，或是看慣了某種書報，他不自知不自覺地接受了其中的說法，便不知不覺地將那些說法當作他自己底知識。這樣一來，便形成了種先入爲主之見。以後，他聽到了別的言論，或者是看到了別的書報，便不自覺地以他先前聽慣了的言論，或是他看慣了書報，作爲他評判是非之標準：如果別的言論或書報，與他先前聽慣了的言論，或是他看慣了的書報相合，那末他便欣然接受；假若不然，便很難得到他底接受。至於他所聽慣看慣的言論書報究竟是否正確，不同的言論書報究竟是否正確，那就很少加以考慮了；有的時候，恐怕是不願加以考慮的。」

「不要說一般的人吧！就是科學家也難免如此。科學家主張某種學說久而久之，便也很容易不自覺地固執那種學說，因而，如果有新起的學說與之相反，他們往往不仔細考慮，橫加反對。這是一切新思想新學說在新出世時往往遭受攻擊的重要理由之一。達爾文底進化論與生物特創論是大相逕庭的。因而達爾文底物種始源公佈以後，備受各方攻擊，美國有的地方在從前禁止學校講授這種學說。赫胥黎爲達爾文底進化論辯護，說人是由類乎猿猴的動物進化而來的，與之辯論的科學家很少對於赫胥黎所提出的論證加以考慮，而一味的嘲笑赫胥黎，說，只有你底祖先是猿猴。二十世紀初年，索底公佈原子蛻變學說，聲稱甲種原子經過蛻變可以變成乙種原子。當時的科學家，習慣於原子不變論，驟聞此說，群起揶揄非笑。這類的情形在科學史上多著哩！我不過隨便隨便列舉一二吧了！

「在科學上，成見用事，固然足以阻礙人類知識底進步，可是卻不足以發生太大的壞處，因爲，經過相當的時期，多半可以用實驗、觀察，或嚴格的推論方法，來證明誰是誰非。而最令人頭痛，同時最有毒害的，是黨派成見，黨派，從一方面看來，是利害的結合；從另一方面看來是成見的凝固。黨派底宣傳，根本就是爲的製造成見，推而極之就是造成一種新宗教，這種新宗教再加上陰謀與暴力來支持，而且有政治利害作用於其間，根本不容反對，那就爲害人類更大了。大概……所謂馬列主義之類的東西，就是這類底東西。」

「怎樣才能免除成見呢？」卓俊文插嘴問道

「哦！很不容易！」老教授皺皺眉頭。「第一，要有時時反省的態度。時時反省，看看自己底思維結果和知識是不是有錯誤。第二，要有服從眞理的態度。你們知道印度中古時代的情形麼？印度那時學術思想很發達，派別有百餘家之多，當時，印度學者召開大會，互相辯難。在他們辯難之先，往往表示：我若失敗了，立刻歸依你做弟子，或者自殺以報，辯論完結以後，失敗的一方面，便這樣實行。沒有強辯，沒有遁詞。這種唯眞理是從的精神，何等可欽可佩！」

「風氣，也是容易使思維發生錯誤結果之一因素，如果在某時某地流行的某種言論成了一種風氣，那一時那一地的人們群起附和，成爲一種公共意見，於是，他們對於某一類事情之判斷，便不自覺地以這種公共意見作標準。這種公共意見底力量很大，十分容易壓倒異議，不許反對言論抬頭。在群眾大會之中，在所謂『人民公審』的場合裡，最易發生這種情形而且政治魔術家，常常事先製造這種情形，以期有利於他們的政治目的；而表面則很是『民主』、很是『自由』。其實，這樣『民主』，幾乎完全是被言論宣傳和組織技術所形成的。這種情形，在所謂『新民主』的地區，恐怕是無處不有呢！

「□些東西也常常歪曲合乎規律的思維路子，而使我們得不到正確的思維結果。例如，西洋人底習俗，曾以『十三』爲一個不吉利的數目，十三那一天發生的不幸事件，都與『十三』這個數目連上，凡屬『十三』，都要想法子避免。其實，吉利與否，和『十三』有什麼相干呢？這類底迷信多的很，眞是不勝枚舉。

「還有培根所說的幾種『偶像』，也是很值得一提的。培根是英國十六世紀末葉到十七世紀初葉的英國哲學家，他所謂的『偶像』，意思是使我們底思想陷入錯誤的不良心理習慣。偶像有五種。第一種是『種族偶像』，所謂種族偶像，是人性中所傳衍下來的心理習慣。培根特別指出，這種心理習慣，是人類往往給予自然現象比較我們所已發現的秩序更多的說明，或是因果關係。例如，有一個島，……我忘記了是那一個島，島上的居民世代相傳，以爲起某種風是冷頭症底原因。其實，二者並無因果關係。中國人從前一直以爲彗星之出現，乃不祥之兆，都是。第二種是『岩穴偶像』，即是個人的特殊癖性。個人底特殊癖性也是很影響思維而使之發生偏差的。第三種是『市場偶像』，即是語言文字底特點所形成的心理影響，而我們無法擺脫的。用英文的人底想法與用蒙古文的人底想法多少總有些不一樣。第四種是，『劇場偶像』，這種偶像是與我們受自己所接受的思想系統之束縛有關的。馬列主義可說是很顯著的例子。所謂馬列主義，已經成了一個極權國家底國教，它底宣傳、解釋，或推銷，完完全全被國家或一個黨底文教機關所控制。這和從前的希臘正教之於俄羅斯有何差別？最妙的是，國家和黨，直接地藉著政治強力，間接地藉著三十餘年長期的宣傳手段，使幾億人民不能不以馬列主義爲出發點來看世界，認識事物，解釋一切，然後再又回到馬列主義的終點。……這……這就是所謂思想自由……。」芮先生輕輕地搖搖頭。

他接著說：「當然囉！這種辦法，已經形成一種風氣，而且又有組織的力量在後面支持著，誰公開批評，誰就得準備被戴各種帽子。例如。胡適之先生公開發表批評極權國家及其羽翼的言論，現在就遭到在他們控制之下的言論機關底攻擊，並且還被列名爲『戰犯』哩！哈哈！……我們還是撇開這些問題不談吧！……第五種偶像是『學究偶像』，這種偶像就是在研究某問題時，以某規律或原理來盲目地代替判斷，許多研究學問的人容易犯這種毛病。有些人，在看問題的時候，不看問題之底裡，動不動就說：『根據辯證唯物論來看，這是如何如何的』，或者說，『照唯心論的看法，這是如何如何的』，都是犯這種毛病。」

「除了我們在以上所說的成見、風氣、習俗，以及培根所舉的五種偶像以外，利害開係及情感作用也很能使思維結果不正確。大凡沒有利害關係或情感作用在思維過程之中干擾的時候，我們思維起來，正確的機會多一點；否則，錯誤的機會就多。例如假若我們普普泛泛地說：凡屬戰時通敵的人都當槍決，某甲在戰時通敵，所以某甲應當槍決。這大概沒有問題，人人會承認的。可是，如果說：我底親朋某某通敵，所以也當槍決呢，那就大有問題了。中國人最缺乏這種精神，尤其爲政者更是如此，小官小吏，或與自己無甚『關係』的人貪污，便要法律從事，予以懲辦。可是，達官顯要，或者是與自己有裙帶關係的人貪污，便盡力庇護，連公開批評都不許，所以，久而久之，貪污遍地，演變所及，國事就不堪聞問了。」老教授擺擺頭長歎一聲，似乎無限牢騷。「以上所說的，借用王陽明先生底話來說，都是『心中之賊』。我們要想思維正確，必須去掉那些心中之賊，邏輯的訓練，對於這一方面。似乎多少可以有些幫肋的。」

——原載：《中央日報》，第六版，《青年週刊》第五期「青年知識講座」（臺北：一九四九年四月十三日）

# 第四次 「所有的蘇州女人都是尼姑」

芮教授加重語氣地說：「請注意呀！我希望我在上面所說的，並不引起各位得到一個印象，以為邏輯會使我們在思維的時候，一定可以免掉習俗呀！成見呀！情感或利害關係等等因子之不良的影響。即使是一個邏輯學家吧，他在思想的時候，也不見得敢擔保他自己能夠完全不受這些因子之不良影響。同時，我更希望諸位不要以為邏輯學底目的就在研究這一方面底問題。我底意思是說：假若我們學習了邏輯學，眞正有了若干邏輯學底訓練，那末便容易體會到成見、迷信、情感，或利害關係等等因子，是如何地常常妨害著正確的思維；因而知道怎樣有意地避免它們。關於為什麼要究習邏輯學，這一方面的理由，只好說個大概。詳細的理由，現在沒有法子說明。諸位如果愈是把這門東西加以研究，那末便是愈加明瞭的。」「至於另一方面必須研究邏輯學底理由呢？」王維倫問。

「這個……我們可以慢慢地討論。」芮先生抽了一口烟，緩緩地說道：「米士特王，我首先請問你，如果我說，『所有的讀書人是有知識的人』，可不可以因之而說：『所有的有知識的人是讀書人』呢？」

「當然可以！」王維倫衝口而出。

「哦！我再請問你，如果我說『所有俄國人底父親都是人』，可不可以因之而說『所有的人都是俄國人底父親』呢？」

「嘻嘻！自然不能這樣說的。」

「爲什麼？」

「因爲，所有的俄國人底父親固然都是人，可是不見得所有的人都是俄國人底父親。例如，我們這些人就不是俄國人底父親。因此，我們不能將『所有俄國人底父親都是人』這句話倒過來說的。」

「對！頭一句話『所有讀書人是有知識的人』也是不能倒過來說的。可是，因爲我們對於『讀書人』和『有知識的人』之間的關係沒有弄清楚，不知道『讀書人』究竟是『有知識的人』之一部分，還是全部，於是容易胡亂顚倒來說，結果弄出錯誤。其實，一切讀書人是有知識的人，而有知識的卻不一定就是讀書人。讀書固然是獲得知識的主要方法，但是並非唯一的方法。況且，所謂『知識』並不限於書本上的知識，書本以外的知識多著哩！而書本以外的知識可以用別的方法得到，例如看電影、聽廣播、旅行等等來獲得。既然如此，我們也就不能因『一切讀書人都是有知識的人』而倒過來說『一切有知識的人是讀書人』了。」

「不過，我希望各位明瞭呀！」老教授提高嗓子說道：「我之所以說剛才這一段話，完全是爲著使得諸位易於了解起見，否則，我用不著說這許多話的。像這樣依據經驗將語句一個一個地加以考究，不獨太費事，不獨有時因著我們底經驗知識不充分而毫無把握，而且根本不是在弄邏輯學，邏輯學從來沒有弄這經驗方面底問題。如果我們從邏輯學底觀點著手呢，那就很容易辦了。邏輯學之所以爲邏輯學，它底特徵之一就是完完全全不涉及經驗方面的情形。邏輯學家要確定一個語句是否可以顚倒過來說的時候，他用不著從經驗方面加以考察——那是物理、化學、生物……等等方面底經驗科學家底職務。他只要研究語句底形式就足夠了。我們在上面所舉的兩個語句，都是屬於『一切……都是……』這種形式底語句。邏輯學家告訴我們，凡屬具有這種形式的語句，無論它們所表示的內容是什麼，一概不顚倒過來說。這樣，便萬無一失。我們一遇到具有這種形式的語句，不管它所說的內容是什麼，我們一概不去顚倒過來，總不會出毛病的。」老教授說著，深深地抽了一口烟。

「米士特王，我又要問你！」芮先生笑道：「假若我說：『一切生物學系底學生都是在生物實驗室工作，甲組底學生都是在生物實驗室工作，所以甲組底學生都是生物學系底學生。』這樣推論對不對呢？」

「當然是對的。」王維倫毫不遲疑。

「卓俊文，你以爲如何呢？」芮先生轉過來問他。

卓俊文看了芮先生一眼，依然沉默著。

「我再請問你，王維倫。如果我說，『一切尼姑都是女人，一切蘇州女人都是女人，所以一切蘇州女人都是尼姑』，這個推論對不對呢？」

「當然不對。」

「爲什麼？」芮先生追問。

「因爲在事實方面，我知道並非一切蘇州女人是尼姑，只是有些蘇州女人是尼姑而已。」

「那末，如果你不知道這一事實呢？那怎麼辦？」芮先生又進一步追問。

王維倫這一追問，弄窘了，一聲不響。

「卓俊文，請你想想看。」芮先生似乎有點發急。

卓俊文慢吞吞地道：「上面的一個推論，我……我……想是不對的。芮先生那個推論中的第一句話只是說『一切尼姑都是女人』，並沒有人說『一切女人都是尼姑』，照芮先生在前面說過的道理，從『一切尼姑都是女人』這句話推論不出『一切女人都是尼姑』。可是，芮先生那個推論中的第三句『所以一切蘇州女人都是尼姑』必須從『一切女人都是尼姑』這句話合上『一切蘇州人都是女人』才推論得出。可是，既然『一切女人都是尼姑』這句話不能從『一切尼姑都是女人』這句話推論出來，因而第三句話『所有一切蘇州女人都是尼姑』也推論不出來。而方才先生在那個推論之中卻這樣說了；因此是不對的。」卓俊文說完，望著芮先生。

「是呀！對了！對了！」芮先生高興起來。「王維倫剛才說第一個推論對，第二個推論不對，其實前後這兩個推論都是錯誤的；並且它們錯誤底地方完全相等——同樣地犯了卓俊文剛才指出的毛病。兩個推論既然犯了相等的錯誤，王維倫爲什麼說第一個是對，而說第二個不對呢？其中的原因，請各位注意呀！」老教授用力地說：「一般人底毛病就在此。這種毛病，就是由於缺少邏輯學底訓練而產生的。我說：『一切生物學系底學生都是在生物實驗室工作，甲組的學生都是在生物實驗室工作，所以甲組底學生都是生物學系底學生。』王維倫習慣地從經驗上著想，想不出什麼毛病，因此他以爲這個推論是對的。而我說：『一切蘇州女人都是尼姑』這句不合事實的話，他知道在事實上並非『一切蘇州女人都是尼姑』，因此他便說我底第二個推論不對。的確，這個推論是不對的，然而，可惜得很，他說我底推論不對底理由也是不對的：他正同許多人底習慣一樣，根據事實的經驗來判斷我底推論之對錯。可是，事實的經驗，不足以作爲判斷我們底推論底對錯底根據。恰恰相反，事實的經驗，與推論底對錯，根本是毫不相干，風馬牛不相及的。」

「這個道理我很不懂。」王維倫插嘴問題。

「是的，這種道理是不爲一般人所習慣的。短時間之內，也不易使各位徹底明瞭，各位以後如果多得到此：邏輯訓練，便會體味出這種道理。」

——原載：《中央日報》，第六版，《青年週刊》第六期「青年知識講座」（臺北：一九四九年四月二十日）

## 第五次

# 眞假和對錯

「芮先生，您在上次說『事實的經驗，不足以爲判斷我們底推論底對錯底根據。恰恰相反，事實的經驗，與推論底對錯，根本是毫不相干，風馬牛不相及的』這個道理，我到現在還沒有想通，」王維倫說。

「是的」，芮先生一閃眼：「如果我們要確定一個推論究竟是對的或是錯的，唯一可靠的辦法是看它是否合乎推論底法則，至於推論法則是什麼，以後有機會再告訴大家。我們現在必須知道的是：如果我們底推論合乎推論法則，那末推論就一定是對的。如果推論不合推論法則，那末，即使合於事實，也是不對的。」

「哎呀！芮先生這種說法，與常識很不相同，與一般人底想法也不相同。」王維倫有些驚奇：「芮先生底意思是不是說，我們不必要經驗，我們對於事實不必知道？」

「哦！在我剛才說的話裡面，絲毫沒有包含這個意思。如果不注重經驗而作論斷，豈非閉戶造車？經驗的知識對於人生是必不可少的。我在上面所說的，只是表示，我們在進行推論的時候，推論底對或錯，完全以推論法則爲依據，並不依靠經驗或事實，經驗或事實對於純粹推論一點幫助沒有。不獨沒有幫勁，而且還有妨害。」

王維倫呆呆地望著天花板出神，半晌沒有話說。停了一會兒，他突然開口道：「這個道理眞是太奇妙了！」

「不，一點也不奇妙，假若你不受常識底束縛，不爲習慣的錯誤想法所限制，那末你會覺得這個道理並不奇妙，而是很平常的。」

「當然，我還須在這方面努力學習。不過，我總以爲，推論要是只靠推論法則，如果完全不根據事實，其結果也許會假的。」

「請你舉個例吧！」芮先生說。

「例如，凡鳥都能高飛。鴕鳥是鳥，所以鴕鳥能夠高飛，我想這個推論大概是沒有問題，它是沒有不合乎推論規律的地方吧！」

「沒有。」芮先生凝著神。

「然而，在事實上，鴕鳥並不能高飛，」王維倫接著說：「這豈不是不顧事實或經驗的推論，顯然合乎推論法則。而結果仍然不免爲假麼？」

「你所提出的這個問題很好。我們現在可以從長討論一下，你說，不顧經驗或事實的推論，雖然合乎推論法則，有時結果仍然不免爲假。這話是正確的。可是，這話與我剛才所說的話並沒有絲毫衝突的地方。我們必須分辨清楚：第一、推論方式；第二、被推論的內容，這二者是絕對不相同的東西。推論方式是永恆不變的，是普遍的，是不因人而異的。被推論的內容則大不相同。被推論的內容，在最大多數的情形之下，是常變的，是特殊的。現在爲易於了解起見，我且舉例子來說明：『凡甲是乙，而且凡乙是丙，所以凡甲是丙，』在這兒，甲、乙、丙究竟代表什麼，我們可以完全不知道。可是，無論怎樣，這整個的話永遠是對的。我們根本無需乎知道它底內容，不必注意甲、乙、丙各是什麼具體的東西。像這一類底話，我們可以看作推論方式。類此的方式很多，有機會的時候，大家可以研究研究。

「然而，假若我們所注重的是甲、乙、丙各是什麼具體的東西，那末情形就大大不同了。在這裡，甲、乙、丙可以代替許許多多在事實上存在的東西。像英國人呀！貓呀！魚呀！統統都可以，當然囉！世界上恐怕沒有人不知道這些東西不是一成不變的，或隨時間空間之不同而不同的。這一方面似乎不應該有問題。

「這些東西，如果擺在推論方式之內，就成了被推論的內容。然而，無論被推論的內容是些什麼，或者這些內容怎樣變動，絕對不會影響到推論方式的；推論方式不因被推論的內容之變動而變動。這也就是說，無論被推論的內容是些什麼東西，不管被推論的內容怎樣變動，推論方式總可以容納它們，而盡其推論的作用（function）。

「現在，我們不妨隨意試試看：如果將甲、乙、丙各別地代以英國人、動物、生物，那末『凡甲是乙，而且凡乙是丙，所以凡甲是丙』這句話就成爲『凡英國人是動物，而且凡動物是生物，所以凡英國人是生物，』如果我們又將甲、乙、丙各別地代之以鐵、金屬和原素，那末『凡甲是乙，而且凡乙是丙，所以凡甲是丙』就成爲『凡鐵是金屬，而且凡金屬是原素，所以凡鐵是原素。』其他可以如法泡製。由這些例子，我們就可以看出，被推論的內容和推論方式的確是兩不相同的東西。被推論的內容完全不能影響推論方式。推論方式則可以獨立於一切特殊經驗的內容而自成一格。

「不過，我們必須分別清楚，」老教授突然閃動眉頭，眼中露出嚴肅的光芒。「邏輯學研究的對象，就是像剛才所說的推論方式一類底東西。例如，如果我們說凡甲是乙，而且凡乙是丙，那末可不可以說凡甲是丙呢？如果我們說凡甲是乙，那末可以不可以說凡乙是甲呢？這一類底問題，都遇邏輯家所過問的。至若甲、乙、丙可以或不可以代以什麼特殊的東西，邏輯家就不管了。依此，將甲、乙、丙代以什麼東西，這是要推論者自己決定的。王維倫所說的『凡鳥都能高飛』這一句話就不合乎事實，這一句話是假的，你說了一句假話，因而經過推論以後得到假的結論，這只怪你自己不小心，怪不得邏輯學了。……雖然如此，可是『凡甲是乙，而且凡乙是丙，所以凡甲是丙』這話依然不錯。因爲，這話並不是從『鳥』，『高飛』，……等等實際事務歸納出來的。這類推論方式之成立，另有其來源。

「請各位注意呀！如果經驗科學家或推論的人供給以眞的前提，而且如果推論是合乎推論法則的，那末結論既眞且對，如果推論的人供給以假的前提，而推論合乎推論法則，那末結論縱然可能是假的，但卻是對的。如果推論的人供給以眞的前提，而推論因不合推論法則而錯誤，那末結論或眞或假，然而一定不對。……」

「芮先生！你在這兒似乎將眞假和對錯分別開了，我還不大了解這種分別，你可以詳細解釋一下麼？」沉默了好久的卓俊文從中發問。

「好吧！這個問題非常之重要，必須把它弄清楚。如果沒有把眞假和對錯底分別弄清楚，那末可以說簡直沒有摸著邏輯底門，對於邏輯一門永遠通不了竅。我們必須明瞭，邏輯學引用到經驗方面來，相對於處理經驗命詞而言，只有對錯問題，絕對沒有眞假問題，邏輯學家只問對錯，不問眞假。經驗科學家，如天文學家、地質學家，不獨要注意到對錯，而且更要注意到眞假。」

「我們在研究邏輯之最開始的時候，爲了避免混淆起見，必須把眞假和對錯完完全全乾乾淨淨公開，不然，使和經驗科學，和知識論這些東西扯不清楚，一輩子也扯不清楚的，我們在這裡所說的眞假和對錯，是英文true、false、valid、invalid之翻譯。眞假是關乎內容的條件；對錯是關於推論方式的條件。所謂一個命詞爲『眞』，大致說起來，就是這個命詞經過證實以後合於經驗事實。所謂一個命詞爲假，大致說來，就是這個命詞經過證實以後不合於經驗事實。例如，『有些人已死』，這句話是眞的，『凡人都不死』，這句話不合經驗事實，所以是假的。至若將邏輯學理的推論方式引起來，就沒有這種性質的問題了，在引用邏輯學底推論方式時，只有對和錯底問題，凡屬合於推論法則的推論，無論內容或眞或假都是對的。凡屬違背推論法則的推論，推論內容或眞或假，都是錯的。」

「眞假和對錯之間，因而有四種可能的情形，第一，所有的猶太人是高鼻子，耶蘇是猶太人，所以耶蘇是高鼻子，此例前提是眞的，推論合推論法則，結論既眞且對。第二，用王維倫說過的例子，凡鳥都能高飛，鴕鳥是鳥，所以鴕鳥能夠高飛。此例前提之一是假的，推論合於推論法則，結論雖然是假的，但卻是對的。第三，一切臺灣人說臺灣話，他說臺灣話所以他是臺灣人，前提是眞的，推論不合推論法則，結論之眞假無法確定，但一定是錯的。因爲說臺灣話的不必是臺灣人，內地來臺的人還是有會說臺灣話的。第四，一切火雞都有三隻腳，斯達林有三隻腳所以斯達林是火雞。前提是假的，推論不合推論法則，結論既假且錯。」

「我們把這四種情形總括起來，就是：前提眞，推論對，結論既眞且對；前提眞，推論錯，結論或眞或假不定，但一定錯；前提假，推論對，結論或眞或假不定，但一定對；前提假，推論錯，結論既假且錯。」

「這樣說起來，恐怕有人要懷疑，推論方式，像瞎子一樣，辨別不出前提之眞假，似乎很少用處吧！」王維倫疑惑著。

「哦！無論什麼東西，有用與否，是要看它對於什麼方面而言，舌嘗味的，並不因它看不見東西而無用呀！肺是用來呼吸的，你能因它不善消化食物而去掉它嗎？世界上沒有事事物物都加以研究的學問；因此也就沒有對於任何方面都是有用的學問。如果一門學問對於事事物物都加以研究，那末它不是許許多多學問之總稱，便是一絲一毫內容都不能有。依照此理說來，邏輯學底用處也只是某些方面的。」

「好吧！芮先生一定說話太多，夠累了。我們下次再來領教吧！」卓俊文對王維倫說。

「不要緊，不要緊！」老教授誠摯地說：「以後可以常來談談。」

「再會！」

「再會！」

二人走出了胡同。

——原載：《中央日報》，第六版，《青年週刊》第七期「青年知識講座」（臺北：一九四九年四月二十七日）

# 第六次 「物以類聚」

「喂！老卓，我們一道兒去找芮先生，好吧！」王維倫向卓俊文相呼。

「怎麼樣，您對於邏輯發生一點興趣了？」卓俊文笑著問道。

「是否有興趣，此時還不敢說，不過前幾天聽了芮先生的話，感覺邏輯這門學問的確非常重要，多少總想知道一點才好。」

「好！我也好想去。」

他們到了芮先生家裡，芮先生剛吃完飯，坐在沙發上正在看報。「哦！你們二位來了！請坐。」他抬頭看見他們，放下了報紙。

「今天報上說共產黨的軍隊□□的東南急進，政府軍隊好像喪失了鬥志。芮先生看國家的前途如何？」王維倫問。

「哎！」芮先生深深地歎了一口氣，眉頭皺一皺。「這有什麼辦法呢？今天的結果，□復已久□，這是□挾持□的小人，自□自□，倒行逆施，必至結果啊！不過……共產黨即使□□翻□□□，然他們□□作風，當然□□不□的，□□□□。在他們極權統治之下，恐怕□□自由的□□，要□□我□□□涵□，尤其□□的，□□□□□□□□□□□，□□□□□□□的□□□，他們都□□□□□□。比如說吧！講哲學，他們一定只許講『馬列唯物哲學』，所謂『馬列唯物哲學』究竟成不成個東西，算不算得是哲學，暫且不去管它，而他們用極權方法來禁止哲學上其他一切的說法，這就討厭了。對於邏輯也是如此。我現在所教的邏輯，他們一定不管內容弄懂了沒有，就加一個帽子說是什麼『資產階級的工具』。咯！他們硬說唯物辯證法是邏輯，他們本有說話的自由，用名詞的自由，他們高興這樣說，或者在他們的職業上□要這樣說，我們且不去管它，而最令人□□的，就是，他們在政治上得勢以後，便藉政治權力取消別人高興怎樣說就怎樣說的自由，這還有什麼民主可言呢？……」

「芮先生反對共產黨？」王維倫又問。

「共產黨有什麼值得反對的？這種集陰謀、暴力、宣傳，在中國腐爛社會□中生長出來，而受俄國人栽培的東西，既然毫無理性可言，我對於這種反理性的東西，談得上什麼反對不反對呢？……」

「我們還是『言歸正傳』，談談邏輯吧！」卓俊文看見老教授底顏色有些不對，□□這樣提議。

「好□！這□□還是不談爲妙。我們能夠□□講學一天，還是享受這種□□一天吧！」芮先生又輕輕歎了一口氣。

「芮先生！我們想進一步向先生請教一些淺近的邏輯知識。」

「要知道一些淺近的邏輯知識，並不怎樣困難。據我個人教書的經驗，初習邏輯，首先必須將許多重要的概念弄清楚，然後再研究一些推論法則。這樣一步一步地下去，便可有些進步，我們現在……現在就開始談談『類』（class）吧！」

「什麼叫做類呢？」王維倫急忙插嘴。

「呵呵！別性急，做學問是性急不得的，待我們慢慢分析分析。類，在邏輯中是很重要的概念。我們於日常生活之中，也時常有意無意引用這一概念。例如，□北街上賣水果的販子，知道把橘子和橘子放在一起，把西瓜和西瓜堆在一堆，有條不紊。菜市場中，例如西門市場，是很大的一個菜市場，不知道二位去逛過沒有，我這人很好吃，是時常去逛逛□，西門市場裡賣魚的，將白鰱和白鰱□一個大水□裡，將大蟹和大蟹放在一邊。這□情形，在有意無意之間，就是將東西分類，而將東西分類，可見人類先天地就有了類概念。古話不是常說『物以類聚』嗎？

「不過，呵呵！我們不要以爲水果販子和賣魚的人，都是天生的邏輯家，我們在日常言談行動之中，對於類概念之引用，究竟大都是出於不自覺的，而且比較起來，簡直□□得很。研究邏輯的人，要有意地自發地□這□□□以□□的研□，他們一方面□□□□□□□讒之間的□亂（觀）□□幾種□其□□（nature）顯露出來，加以分析，加以條理。這還不夠，在另一方面，他們還要擴張到日常談論之間所潛含的類概念範圍之外，形成一種很專深的學問。關於後者，因爲太專門了，我們暫且不管，我們現在只□前一方面的做出發□講起，□哦！我糊塗了！兩位來談了這麼久我還沒有叫人倒茶，阿王！來茶。」

「兩位吃過了飯吧！」

「吃過了。」

「我們還是繼續下去。」老教授大抽其烟斗。「三字經……大概二位這種年紀的人沒有讀過吧！我在小時候讀過了的。我們小的時候，常常在私塾老師面前兩隻眼睛望著天，口裡唯唯呀呀的唸著『人之初，性本善，性相近，習相遠……』；又唸什麼『馬牛羊，雞犬豕，此六畜……』哈哈！這裡以『馬，牛，羊』其實就是指『馬類』，『牛類』，『羊類』而言。馬類不同於牛類，牛類不同於羊類。三者各成一類。我們常常說：『馬是很多的』或『牛是很多的』，在這情形之中，我們所指講的決不是這一頭牛，或那一頭牛。因爲，無論如何，我們□不能說：『□一頭牛是很多的』。我們所說的是什麼啊！一定是牛□一類之中的牛是很多的。所以，我們必須□□，『馬類』，『牛類』，□□就是□□□的馬，□□□的牛。有頭，有四肢，有□的一隻馬，就是一隻馬而已，根本不能說是『馬類』。『馬』，是指著凡□□□□之□的一切□□□□□□，像一種□□□，□□眞是□□□□□的□□個□□□名。因而，類也就是某種抽象的有元（a certain abstract entity）。明乎此，我們就可以知道，類與類之分子不同，某類不是某類之分子，其類之分子也不是某類。」

「我們將這一點分別清楚了，現在可以進而討論關於類的種類。類，大多可以用名詞來表示。例如，上面所舉過的，『馬類』、『牛類』、『羊類』都是名詞。這樣的名詞，我們姑且叫做表類名詞。表類名詞，大都有外範和內涵。」

「外範是什麼？內涵又是什麼？」王維倫急忙地問。

「一個名詞底外範，」芮先生解釋道：「就是那個名詞所可指稱的分子之全部。『馬類』這個名詞底外範就是馬類底一切分子！蒙古馬、阿拉伯馬、四川馬、赤兔馬……等等。一個名詞底內涵，就是被這個名詞可表承□類所具有的一切性質，馬類所具有的性質就是能跑、可騎，或可拉車……等等。外範是可以邏輯經驗□研究的，我們要確知馬類底外範是什麼，不妨去尋看蒙古馬、亞特伯馬、四川馬……。而內涵則只有藉理智來了解。因爲內涵既是□眞，特質須藉理智來了解的時候多。

「表類名詞大多有這兩方面，這兩方面底相斥關係又是怎樣的□□□定表類名詞□□方面底相互關係如何？首先必須看類是否有分子存在，我們現在假定類有分子存在，表示類有分子存在的名詞，若外範大，則內涵小；若內涵小，則外範大；反之，若內涵大，則外範小；若外範小，則內涵大。」

「這話我不十分了解，請芮先生詳細講講。」王維倫要求著，把身子向前靠近，仿彿特別注意的樣子。

「好吧！比方說『人』。這個名詞底外範是歐洲人、亞洲人、美洲人……。而『人』這個名詞底內涵是有智慧、能言語、會使用器具……等等性質。」

「『人』這個名詞所指的是全體人類，包括了所有的人，外範很大了，然而，這樣一來，他底內涵就很小。我們至多只能說人是一種動物，會用器具，有智能，除此以外的性質，不見得普及到一切人類。例如，如果我們加上一類性質，說『人類是會講英語的』這種講英語的性質，不能普及到一切人類：有許多人不會講英語。既然我們所說的『人』是全世界的人，而全世界的人不一定都會說英語，因此我們不可拿『會說英語』來形容全體人類，而共通於全體人類的性質是很少的。既然如此，豈不是內涵就小了些麼？

「但是，在另一方面，如果我們把人底性質說得多一點，例如說，人不□是動物，有智慧，會用器具，而且善於駕飛機，那末『人』這個名詞底內涵大些，可是，□所能□□的分子就少些，僅能指飛機師而言了，所以，名詞底內涵多，則外範小。

「關於□來有分子存在的類名詞，外範和內涵之相互關係，二位可明白了吧？」芮先生問。

「明白了！」王維倫點點頭。

——原載：《中央日報》，第六版，《青年週刊》第八期「青年知識講座」（臺北：一九四九年五月四日）

# 第七次 「我在蓓蒂黛維絲之旁」

「我們這一次要談談關係。……談到關係，」芮先生凝著神，「眞是最平常而又最難了解的東西。」

他略停了一會。

「爲什麼關係是最平常的東西呢？你們看，在我們日常生活之中，簡直無天不在引用關係。我們談起話來，動不動就是『你和他有什麼關係？』『傳斯年底個子比胡適高，』『他底女朋友走在他前面，』……這些語句所表示的都是關係。在我們底生活裡，幾乎沒有那一方面能夠逃出關係網絡之中，總而言之，在人類全部經驗裡，幾乎無處沒有關係存在。關係眞是平常得可以了！」

「然而，有的時候，愈是世界上平常的東西，反而愈難了解。譬如，物體下落，這總是自盤古開天地以來，任何人都習見習聞的現象，而且與任何人都有切身的關係。因爲，我們都知道不能從危巖之上跳下去，否則便立刻有性命之憂。哈哈！可是，了解物體下落之所以然，能夠加以說明的，要一直到牛頓才行。再如心理現象，簡直是與生俱來的，然而，到最近還不見得研究的十分清楚。」

「同樣，『關係』這東西雖然十分平常，但卻最難捉摸。如果有人問我，要我界說什麼是關係，我……我……我可敬謝不敏。……不過，爲了使大家得點印象起見，不妨勉強解釋解釋。」

「普通所用的『關係』二字，有的時候眞正是關係，有的時候不是。上面所舉的幾個例子是眞正的關係，而像這樣的話中，所說的『關係』，其實並不是關係：『即使不成功也沒有什麼關係，請您放膽去做好了。』

這裡所謂的『關係』，其實是『要緊』，或『害處』的意思，結果這句話成爲『即使不成功也沒有什麼要緊，請您放膽去做好了。』因此，我們不可粗心大意，把這一類底字眼所表示的意思，眞的當作關係。」

「不過細想來，世界上——不，宇宙間沒有什麼東西和另外的東西沒有關係。你們隨便舉出什麼，我總能說出一種關係。孫中山與我有關係，他出生在我之先，『之先』，或『先於』，就是一種關係。」

「芮先生和好萊塢明星有關係嗎？」王維倫問。

「哈哈！有的！有的！我可以說出許多關係，假如我年輕，生得漂亮，我可以和她發生戀愛關係。再不然，像我現在既不年輕又不漂亮，我可以說『我在她之旁』，『在旁』是一種關係。」

「芮先生和好萊塢明星扯這種關係，似乎太遠了，哈哈！」王維倫插嘴。

「唔，遠不遠是一回事，有沒有關係是一回事。」芮先生回答。

「這樣的關係，眞是令人難以捉摸的。至少現在，芮先生在臺北市，好萊塢明星，比如蓓蒂黛維絲，在美國，遠在地球那邊。芮先生怎好說『我在她之旁』呢？這太不可想像了！」

「不可想像嗎？」芮先生笑著問：「你大概以爲相隔距離太遠了，就以爲『在旁』關係，不能成立，是不是？」

「是的！」王維倫答道。

「那末，我請問你，假如我在蓓蒂黨維絲旁邊走過，我離她五尺遠，我可不可以說『我在她之旁』呢？」

「自然可以的。」

「好，假如我離她一丈遠呢，我可不可以說？」

「還是可以說。」

「假如我離她一丈五尺遠呢，可不可以說？」

「可以說的！」

「那末，這樣一直下去，究竟離她多遠，我才不能說『我在她之旁』呢？」

王維倫給這一問，楞住了，半晌答不出來。

「你那種想法。」芮先生接著說道：「是一般人底想法，一般人底想法，是心理的想法不是邏輯的想法。邏輯的想法，只是我在蓓蒂黛維絲之旁，那怕相隔一最小距離，就可以成立『在旁』的關係；而且如果我和她相隔很遠，不要說遠在美國，即使在火星上，也能成立『在旁』關係。『在旁』關係，與遠近是不相干的。……我也可以說，我和太平洋上的一隻漁船有關係。因爲那隻漁船在我之東。『在東』是一種關係」。

「不過，」芮先生急忙將話頭拉轉來，「『關係』和『相干』不同，二者不可混爲一談。在某某事物和另外的事物『相干』的時候，它們之間一定有關係；可是在某某事物和另外的事物有關係的時候，卻不必一定相干！也許相干，也許不相干，並不一定。臺灣的太陽晒得我滿身大汗，很吃不消，的確與我有關係，也與我相干。可是『日月潭中一隻船在我之南』，只與我有『在南』的關係，而與我不相干。因爲，那隻船在走，沒有載著我走。那隻船被颱風刮翻了，我不會跟著沉入水底，葬身魚腹。在我們日常言談之間，很容易把『關係』和『相干』弄混了，所以我要補充幾句。」

「不嚴格地說，」他又將話頭拉回，「關係是兩個或兩個以上的物項或事件之間的聯繫。這種聯繫是最低限度的，最廣義的，最無法隔絕的。『結婚』，『聯盟』，固然是這裡所謂的聯繫；而『在上』，『在下』，『強些』，『弱些』，也是這兒所說的聯繫。」

「無論怎樣，就我們現在討論底目的來說，替關係下精確的界說，倒是一個次要的問題。而目前最重要的，還在明瞭關係底幾種推論性質。我們現在就要注重這一方面。」

「我們先來談談幾種最重要的關係之推論性質吧！第一，我們要談談傳達性，王維倫！我請問你，如果我說，『甲包含乙，而且乙包含丙』，那末結果怎樣呢？」芮先生提高聲音問。

「那末，當然是『甲包含丙』。」

「對的！我再問你，『如果劉邦大於孫文，孫文大於胡適』，那末結果這樣？」

「結果是『劉邦大於胡適。』」

「是的！你們看，在這兩個例子中，有共通的情形。我們用R代表『包含』、『大於』等等關係；用a代表甲也好，劉邦也好；b代表乙或孫文，c表示丙或胡適。上面的例子可以用這一條普通的公式表示出來，如果aRb，而且bRc，則aRc。用話來解釋，這個公式就是說：假若a和b有某種關係R，並且b和c有某種關係R，那末a和c便存有某種關係R。這種關係叫做傳達關係。它具有傳達的推論性質。」

「可是，假若a和b有某種關係R，而且b和c有某種關係R。而a和c在有些情形之下有某種關係R，在有些情形之下沒有，那末怎樣呢？這也就是說，如果aRb，而且bRc，則有時aRc，有時不然aRc，將如之何呢？像這類底關係很多。如果王維倫和卓俊文做朋友，而且卓俊文和另外一個人做朋友，那末王維倫也許和另外的一個人做朋友，也許不做。王維倫和另外一個人做朋友與否，不能靠卓俊文與王維倫是否做朋友來決定。所以，遇到了這種關係，我們不可憑主觀的心理情形來胡亂猜測。像這樣的關係，叫做非傳達關係。它有非傳達的推論性質。」

「我底祖父是我父親底父親，可是，我底祖父卻一定不是我底父親。這是怎樣的一種關係呢？」王維倫又疑慮起來。

「這種關係嗎？這種關係就是：如果aRb，而且bRc，則一定不是aRc。這也就是說，如果a和b有某種關係R，而且b和c有某種關係R，那末a和c一定沒有關係R。如甲是乙底兒子，而且乙是丙的兒子，則甲一定不是丙底兒子。這類底關係也很不少。這一類底關係叫做反傳達開係。它有反傳達的推論性質。」

「還有什麼樣的關係呢？」王維倫又問。

「第二，我們要討論對稱關係。」芮先生接著說：「如果曹操坐在劉備對面飲酒賦詩，那末當然劉備也必定坐在曹操對面飲酒賦詩。用符號表示，就是如果aRb，則bRa。假若a和b有某種關係R，那末b和a也有某種關係R。這種關係叫做對稱關係。對稱關係具有對稱的推論性質。

「王維倫！請你想想看，如果a是b底弟兄，那末b是不是a底弟兄？」芮先生又問。

「當然是的！」王維倫不假思索。

□追問著。

王維倫愕住了，一聲不響，兩眼直瞪著芮先生面上。

「哦！」老教授笑道，「因此，我們不能漫不經心地，由a是b底弟兄，就說b是a底弟兄了。

「對於這類底情形，我們必須細心考究。如果a是b底兄弟，那末b或者是a底弟兄，或者不是。這類底關係實在多得很，例如，甲先生愛乙小姐，乙小姐也許愛他——也許不愛，可沒有人保險！」

「哈哈！」

「呵呵！」

「這種關係，叫做非對稱關係。」芮先生接著說：「還有的關係，是絕對沒有對稱性的。如果關雲長比劉備氣力大，那末劉備底氣力一定不比關雲長大。高於，小於，在前，在後，都是屬於這一類底關係，叫做反對稱關係。」

「關係就是這幾種嗎？」卓俊文問。

「哦！關係多的很，不過那些太繁雜，我們以後有機會再討論吧！」芮先生又大抽其烟斗。

——原載：《中央日報》，第六版，《青年週刊》第九期「青年知識講座」（臺北：一九四九年五月十一日）

# 第八次
# 「淡水河裡有希特勒」

空中佈滿了烏雲。迷濛的細雨，下個不停。卓俊文和王維倫在泥濘里彳亍地走到芮先生家裡。

「哦！天氣這樣壞，二位都來了，身上濕透了吧！」芮先生很關切地問。

「沒有！沒有！不要緊。」王維倫連忙說。

「請坐！請坐！」

大家圍著一個小圓桌坐下，窗外雨聲淅瀝地響著。

卓俊文輕聲問道：「芮先生上次講的是關係，這一次繼續講什麼呢？」

「這……這一次……我想……應該討論討論語句。」芮先生用手摸摸下巴頦，「語句在邏輯中也是非常重要的東西。有的邏輯家把它看得比類以及關係還重要。的確，語句在邏輯學裡很是重要，不過，卻不是邏輯底專利品。在我們日常生活言談之中，那一天不用語句呢？語句是可以用語言、文字或者符號表達出來的東西。」

「這是『語句』的定義不？」王維倫問。

「哦！不是！不是！我在這裡不過是爲了一時說明方便，大致這麼說說罷了。至於語句是什麼，我們還需在以後從長討論。」芮先生頓了一頓，又接著說：「我們必須明瞭，語句底種類頗多，並非所有種類底語句都是邏輯所研究的對象。大家也許都學過英文文法。英文文法裡的語句有好幾種，如：命令語句、請求語句、詢問語句、感歎語句、還有陳述語句。在這幾種語句之中，只有最後的一種語句才是邏輯所研究的對象；其餘的幾種都不是。」

「最後的一種語句，即陳述語句，有一個特徵，即是有眞有假可言。其餘的幾種都無眞假可言，請各位注意，這個分別是非常重要的。」

「王維倫，我現在請問你，假如我說：『願上帝保佑秦始皇長生不老』，這句話是眞的呢？還是假的？」芮教授問。

「當然是眞的！」王維倫不假思索，脫口而出。

「哼！眞的？請你證實一下看，怎樣是眞的？」芮先生進一步地問他。

王維倫楞住了，解答不上來。

「卓俊文！請你想想看！」芮先生轉過頭來問他。

「這樣的語句，大概……大概根本無所謂眞假。」卓俊文吞吞吐吐地。

「對呀！這樣的語句爲什麼無所謂眞假呢？」芮先生又很習慣地追問。

「這樣的語句只表示說者的一種願望而已，它與事實無所謂符合與不符，根本毫不相干。這也就是說，它對於事實無所表示，既不肯定，又不否定。所以無眞假可言。」卓俊文道。

「對呀！你說得很不錯！秦始皇這位暴君在事實上是否長生不老，與那位先生底願望是毫下相干的。秦始皇自己如果是個短命鬼，他主觀地希望他長生不老，是沒有用的。哈哈！」芮先生高興起來。

「我再說一個語句：『請你今天下午來吃芒果。』王維倫，這句話是眞的還是假的？」芮先生問。

「這句話可眞也可假。」

「你哦！」芮先生大吃一驚。「爲什麼可眞也可假？」

「如果我今天下午請了他吃芒果，這句話就是眞的，表示我有誠意。否則，表示我沒有誠意，這句話就是假的」。

「啊喲喲！你可謂別開生面！有趣！也許你把中國舊書念多了，受影響太深，將邏輯上的眞假了解作誠僞。這太風馬牛不相及了。假若被請的人下午不來吃芒果呢？有沒有此可能？所謂『請』，也是沒有涉及事實的，只表示自己底一種請求而已，既然沒有涉及事實，自然也就沒有是否合於事實的問題。既然沒有是否合於事實的問題，自然也就沒有眞假可言了。」

「王維倫，我再請問你：『孔夫子到過臺北市沒有？』這句話有眞假沒有？」芮先生問。

「沒有眞假，因爲這句話只是一個詢問句，對於事實無所肯定，也無所否定，不發生是否合乎事實這類的問題，所以，沒有眞假。是不是呢？」王維倫說。

「是的！那末，我再請問你：『哎呀！不好了！共產黨殺來了！』這樣的話是眞的還是假的？」

「這話如果是在南京說的，也許實有其事，可是，說這話的人的態度和立意，並不是敘述這個事實，而是表示驚恐。表示驚恐之詞，不預備對事實負責，根本沒有考慮到是否合於事實，所以表示驚歎的話也無眞假可言。」

「對的！」芮先生嘉獎似地點頭。他又接著說：「至若像『耿秀業昨天付我稿費袁大頭一枚正』，這句話有眞假沒有？王維倫！」

「有的！因爲，這句話是一個陳述語句。它陳述一個事實。如果這個語句合乎事實，即是耿秀業昨天的確曾付我稿費袁大頭一枚，那末便是眞的，如果沒有這個事實，那末這句話便是假的。」

「不錯！一個語句底眞和假，叫做它底眞值（truth values）。眞值是一個語句底意義條件。這也就是說，一個語句必須有眞假可言，才有意義，這一點請各位特別注意。」

老教授又抽了一口烟，停了一停，又說道：「假若我說，『峨眉山上的道人有三頭六臂』，『淡水河裡有希特勒』這些話有意義沒有？王維倫！」

「不……不知道！」王維倫沒有從前那樣爽快了。

「唔！再請問你，這句話有眞假沒有？」老教授皺著眉頭。

「這兩句話是假的，因爲峨眉山上的道人和我們一樣，沒有三頭六臂。淡水河裡有魚蝦，也許還有蚌，也許還有……但決不會有希特勒。」王維倫答。

「那末……假的語句有意義沒有？」老教授又問卓俊文。

「照前面芮先生所講的語句意義條件看來……是有意義的。因爲……一個語句是眞的時候，固然有意義，可是，如果我們說得出它是假的，當然也有意義。有眞假可言的語句總是有意義的。」卓俊文漫吞吞地。

「不錯！」芮先生點點頭，接著又追問王維倫：「如果我說『棕梠樹是有道德的』，這個語句有意義沒有？」

「我……我想是沒有意義的。」

「何以故？」芮先生問。

「因爲它有眞假可言，照事實而論，這句話是假的。」

「哦！假的？如果『棕梠樹是有道德的』是假的，那末它底反面『棕梠樹是沒有道德』便是眞，但是，我們能說『棕梠樹是沒有道德』嗎？說『棕梠樹沒有道德』，這話有何意義？……這樣的話，既不是眞的，又不是假的。既不能證實，又不能否認。棕梠樹根本說不上有道德，也說不上無道德。所以，這樣的話是無意義可言的。」芮先生加緊分析。

「總括起來說，邏輯研究的語句，是陳述語句。但並非陳述語句都是邏輯所研究的。邏輯所研究的是有眞假可言的，即是有意義的陳述語句。這一點，想必二位都明白了吧！」芮先生問。

「明白了！」王維倫答道。

「明白了，很好！不過，我們在知道了陳述語句底眞假意義條件以後，要確定一個陳述語句底眞假，並不十分容易，其中的條件很多，必須時常留心才好。」芮先生凝思了一會兒，又接著問：「卓俊文，比如說，『我有病』，這話是一個陳述語句，研究是眞的還是假的？」

「這句話總是眞的吧！」

「這樣簡單嗎？這句話，嚴格地說來，既不眞又不假，在同一個時候。有病的「我」——另一個人——說來就是假的。」

「再舉一個例子看……『喜馬拉亞山是很遠的』，卓俊文，你以爲這句話眞假何如？」芮先生習慣地喜歡追問，一點也不肯放鬆。

「我看……這句話要看相對於什麼地位而言：如果我們在臺灣說『喜馬拉亞山是很遠的』，這句話是眞的；但是同樣的一句話，在尼泊爾或西藏說，就是假的了。」

「不錯，你倒有點觸類旁通的思考力。」老教授很高興。「由此看來，請各位注意，陳述語句底眞假，是隨說者之不同，說者所在的情境之不同等等條件而不同的。我們必須細心分析，不可粗心大意。爲了防止一個陳述語句眞假不定起見，我們用沒有歧義的詞句來限制它，使它底眞假歸於確定，只有經過了這樣精鍊的手續，一個陳述語句才有眞值。

「還有什麼問題沒有？」

「沒有了。」

「沒有，……我們再討論陳述語句底幾種型式。」芮先生接著說。「第一種叫做定言語句。定言語句是用斷定語氣陳述句主和句賓之間的關係的一種語句。例如，『臺灣的小孩都愛吃糖』，第二種是設言語句。這種語句是陳述前項和後項之間的關係的一種語句。比如說，『假若我有馬新耶這樣高大，那末你就不敢欺負我了。』第三種語句是選言語句。這種語句陳述選項與選項之間的關係，例如，『毛澤東是一個意志堅強的人或者是斯達林底小卒子。』最末一種叫做挈言語句。這種語句在日常言談之間是很多的：『賠了夫人又折兵』，『他既愛抽烟又愛喝酒』，都是。

「說到這裡，我們必須注意呀！」老教授提高了聲音，「關於語句型式的四種，已經大概推論過了，我們現在要分析語句底構成要素，語句底構成要素有三：第一是句端，第二是句繫，第三是表型詞字。句端，是在語句的兩端的。它可以是名詞，如『林黛玉是個女孩』，『林黛玉』和『女孩』都是名詞，句端也可以是語句，如『假若豪門不滅，那末共黨不死』其中『豪門不滅』是一語句，『共黨不死』也是一語句。句端又有句主和句賓之別。在上例中，『林黛玉』是句主，『女孩』是句賓。『所有共產黨頭子都是陰謀家』，在這語句之中，『所有』是表型詞字，即是表示語句型式的詞字。……明白了吧？」芮先生講完，靠在沙發椅上。

「明白了！我們下次再來。」卓俊文說著，二人起身告詞。

——原載：《中央日報》，第六版，《青年週刊》第十期「青年知識講座」（臺北：一九四九年五月十八日）

# 第九次

# 「沒有男人是女人」

「在上一次，我記得……我講過陳述語句底幾種型式……在這幾種型式之中，」芮先生開始講起來，「你們二位該記得，有一種叫做定言語句。……定言語句，可以分做四種最簡單的形式。我們今天所要討論的，就是關於這四種形式的語句之邏輯學。」

「為了便於說明起見，我現在說四句話：『一切熊貓是動物』、『沒有男人是女人』、『有些原素是金屬』、『有些原素不是金屬』。我們現在來試試分析這四句話吧！」

「我們分析這四句話，可以採用兩種標準：一是範量；另一是型質。所謂『型質』就是形式方面的肯定或否定的性質，即『是』和『非』。」

「如果從範量方面來看，在這四種語句形式之中，有全謂語句和偏謂語句。『一切熊貓是動物』和『沒有男人是女人』這兩個語句底主詞所指的是那些類底東西——熊貓，男人之全部，所以我們把這樣的語句叫做全謂語句。『有些原素是金屬』和『有些原素不是金屬』這兩句話底主詞『原素』所指的是『原素類』之一分子，並未指該類之一切分子，所以是偏謂語句。」

「如果我們從型質方面來分析定言語句，那末，這語句有肯定和否定之別。『一切熊貓是動物』和『有些原素是金屬』，說這種話的人，所持有的是肯定態度，說什麼是什麼，所以是肯定語句。『沒有男人是女人』和『有些原素不是金屬』說這種語句的人，所持有的是否定的態度，說什麼不是什麼，所以是否定語句。」

「以上是對於定言語句之初步的分析，……」芮先生沉默了一會兒，習慣地抽抽烟，凝視天花板，接著說道：「我們現在要作進一步的分析。如果我們既從範量方面來看又從型質方面來看。那末結果怎樣呢？……結果，便可以得到四種不同的定言語句。首先，全謂肯定語句。『一切熊貓是動物』，這句話底主詞既然是指稱『熊貓類』之全部，同時又以肯定的態度說出，所以是全謂肯定語句。其次，是全謂否定語句。『沒有男人是女人』，這句話裡所說的『男人』是『所有的男人』，同時又以否定的態度說出，所以是全謂否定語句，第三是偏謂肯定命詞。『有些原素是金屬』，這句話裡所說的『原素』是原素底一部分而不是全部，說出的態度是肯定的，因此是偏謂肯定語句。最後，是偏謂否定語句。這種語句底句主之所指只是一類底外範之一部分，同時又以否定的態度說出。例如，『有些原素不是金屬。』」

「我們大家必須明瞭，」說到這裡，老教授很嚴肅地加重語氣，「邏輯學底對象，無論在什麼時候，總是普遍的，而不是特殊的。它並不個別地研究『一切熊貓是動物』、『沒有男人是女人』……這樣的特殊語句底內容之眞假。研究這樣的特殊語句底內容之眞假的，不是邏輯學，而是各門經驗科學，這一點，請各位必須特別弄清楚。許多人，弄到老，都沒有把這一點弄清楚。結果，形式和內容，推論與說明，搞也搞不明白，混淆不堪，作爲一個本行的邏輯家，在研究語句的時候，只研究語句底形式或形式性質。因而，他們常常用符號代替自然文字來表示語句，關於這一方面的研究，可說有長足的進步，可是我們不能在這裡討論。我們現在只能討論討論上面所說的四種定言語句底推論性質。……」

「談到四種定言語句底推論性質，」老教授又提高了嗓子，「我們要特別注意到一種情形，就是定言語句中的名詞之量化（quantification）問題。所謂定言語句中的名詞之量化問題，粗疏說來，就是一個名詞底外範是涉及其全部分子或一部分子底問題。假若一個名詞底外範是涉及全部分子，那末我們便說這個名詞是普及了（distributed）。假若一個名詞底外範只涉及其一部分的分子，那末我們便說這個名詞沒有普及

(undistributed)。」

「哎呀！我不了解這個意思！」王維倫驚奇似地說。

「哦！這個簡單！」芮先生接著說：「在一個定言語句之中，主詞或賓詞總是名詞，或可以變成名詞。我在許久以前已經說過，名詞有外範和內涵。如果一個定言語句所斷說的是它所包含的名詞之外範之全部，那末，我們便說這個名詞是普及了，否則，我們便說它沒有普及。……名詞普及與否底問題，……請二位特別留意，是推論是否有效底關鍵。這個關鍵如果沒有把握住，那末推論便難免發生錯誤。……」

老教授凝神一會兒，又接著說：「在前面所說的四種定言語句中，名詞底普及情形是各不相同的，這一點我們必須特別留神。前面所說的第一個定言語句：『一切熊貓是動物』中。主詞『熊貓』是普及的。因爲它所說的是『一切熊貓』；賓詞『動物』沒有普及，因爲熊貓只是動物底一種或一部分，除了熊貓以外，還有許許多多種動物。第二個定言語句『沒有男人是女人』中，主詞『男人』和賓詞『女人』都是普及的。這裡所指涉的，是男人和女人底全部分子。第三個語句『有些原素是金屬』中，主詞『原素』沒有普及，因爲所指涉的明明是『有些』；賓詞『金屬』也沒有普及，沒有普及底理由和第一句底賓詞一樣。第四句『有些原素不是金屬』，它底主詞『原素』已經被『有些』所限制，不用說是沒有普及的。賓詞『金屬』普及了，爲什麼呢？因爲『不是金屬』的東西之類，就是『非金屬的東西』之類。『非金屬的東西』之類，沒有一個分子屬於『是金屬的東西』之類：所有『不是金屬的東西』之類底一切分子完全被排斥於『是金屬的東西』之類以外。結果，我們說『有些原素不是金屬』等於說『有些原素不是所有的金屬』。由此可見賓詞『金屬』是普及了。這種形式底語句之主詞都不普及，而賓詞則普及了。」

「那末，這四種語句底推論情形怎樣呢？」王維倫連忙問。

「慢慢來！我們一步一步地研究。」芮先生說：「根據上面的分析，我們將四種定言或定詞語句底名詞之普及和未普及底情形總括起來，是：凡屬全謂語句底主詞一定是普及的。凡屬偏謂語句底主詞一定是沒有普及的。一切肯定語句底賓詞都沒有普及，一切否定語句賓詞都是普及的。這很便於記憶。

「至於……這四種形式底定言語句底推論情形，有好幾種。我想……我想先研究這四種話能否顚倒過來說的情形。這四種話顚倒過來說，就是把主詞和賓詞底位置互相調換一下，即是把主詞變成賓詞，把賓詞變成主詞，我們現在要看這樣調換，在什麼情形之下行得通，不出毛病；在什麼情形之下行不通，會出毛病。……這種主詞和賓詞調換易位的手術，邏輯家叫做「換位」（conversion）。換位有兩點必須注意：第一，在原來的語句中沒有普及的名詞，在換位語句中也不可普及；第二，換位語句底型質，必須和原來語句無異。這也就是說，原來語句是肯定的，換位語句也必須是肯定的，原來語句是否定的，換位語句也必須是否定的。」

「咦！這些規律好枯燥啊！」王維倫脫口而出。

「不！往後你會知道這些規律是必須的。」老教授堅定地說，「如果我們說，『所有和尚都是男人』，可不可以換成『所有男人都是和尚』？王維倫！」

「不能！」王維倫答。

「爲什麼？」

「因爲不見得所有的男人都是和尚。在事實上有許多人不是和尚。」

「No！No！」老教授大搖其頭，「這不是邏輯的理由。從經驗事實著眼，誰不知道許多人不是和尚？我所要的是邏輯的理由，卓俊文！請你想想看！」

「因爲這句話是全謂肯定語句。這種語句賓詞不普及，所以不能這樣簡單地把『所有的和尚是男人』調成『所有男人是和尚。』」卓俊文說。

「對了！對了！王維倫了解沒有？」

「了解了！」

「好！了解了，我再請問你，如果我說『沒有共產黨是民主黨』可不可以換成『沒有民主黨是共產黨』？」芮先生又問。

「有客人來了！」阿王跑進來。

「□來談吧！」

——原載：《中央日報》，第六版，《青年週刊》第十一期「青年知識講座」（臺北：一九四九年五月二十五日）

# 第十次 「有些窮小子不是人」

「我們□□接著上一次結論」，老教授說，「□□□上一次問王維倫『沒有共產黨是民主黨』這句話可不可以換成『沒有民主黨是共產黨』□□□□，□□可不可談？」

「我想是可以的。」

「爲什麼？」芮先生急接著追問。

「因爲這句話□□謂否定語句。這種語句的主詞和賓詞都是普及的，換了□之後，沒有□□□普及的名□變成普及的，永遠不□□□」□□□□□式□沒有改變這句話□□型質，又合乎第二條規律，所以是對的。」

「不然，我再□□□『有些美人是多愁善感的』，怎樣顚□？」芮先生又問王維倫。

「□□□□單□□過來□『有些多愁善感的是美人』。□□□

「對□□」芮先生□□□，「我再考問你一句，『有些人不是窮小子』，怎樣顚□□□」

「這個問題□□！」王維倫答不出來。

「□不可□□□□□『有些窮小子不是人』？」芮先生問。

「□□□不能這樣□□！」

「爲什麼？」老教授又追問。

「我想不出來。」

「這種形式底語句不能顛倒過來說的。」芮先生抽了一口烟，「如果將『有些人不是窮小子』顛倒成『有些非窮小子是人』，將原來的型質改變，違犯第一條規律。如果將『有些人不是窮小子』顛倒成『有些窮小子不是人』那末便是把在原來語句之中沒有普及的名詞『人』變得普及，這簡直太不成話了！偏謂語句底主詞總是沒有普及的。這違犯了第二條規律。……明白了吧！」

「明白了。」王維倫答。

「明白了，好！我們再談變質底問題。」老教授凝思了一會兒，「所謂變質，就是變更原先語句底形態，使□□到的□□語句之意義和原來的語句之意義相等。□也就是說，原來的語句是肯定的，我們可以把它變成否定的；原來的語句是否定的，我們可以把它變成肯定的，但都不改變原來的意義。」

「比如說吧！『一切貓是肉食獸』可以變成『沒有貓不是肉食獸』。其他依此□法，不必一一列舉。」

「芮先生！您在上面所說的，是一個語句自身底推論可能，叫做直接推論，是不是？」卓俊文問。

「是的！傳統邏輯家把這叫做直接推論。」

「那末，上面所說的四種形式底定言語句的之間，又有怎樣的推論關係呢？」卓俊文問。

「這個問題很好，我們正預備討論這一點。」芮先生繼續說：「關於上述四種定言語句之間的推論關係，爲了方便起見，我們取一名稱：叫做對當，所謂對當，顧名思義，就是一個語句底眞假，和與之相對的其他語句之眞假底關係，同時，也爲了方便討論起見，我們將上述四種定言語句，各別取些名稱。全謂肯定語句叫做A，全謂否定語句叫做E。偏謂肯定語句叫做I。偏謂否定語句叫做O。我們在以後一看見A，便知道它所代表的是『全謂肯定語句』。在許多情形之下，我們不再叫『全謂肯定語句』，因爲這樣太麻煩了。其他依此類推。」

老教授休息一會兒，接著說：「我們如果將A、E、I、O這四種形式底語句放在一道兒，又各別假定他們是眞的或假定他們是假的；然後再看，如果其中之一爲眞，則其餘的語句之眞假情形如何；如果其中之一爲假，則其餘的眞假情形如何。四種語句之間的這種對當關係，一共有四種，我們現在分別討論一下。」

老教授說到這裡，起身走到後面喊道：「阿王！煮點咖啡來喝喝！」

他又□下來繼續說：「第一□□□□故予□□□，如果『所有的交際花是年輕女子』這□□□□的時候，□□『有些交際花不是年輕女子』這話便是假的。如果『有些大學生不是□□少年』這句話爲眞，那末□『一切大學生是□□少年』這句話便假。如果『沒有美國人是中國人』爲眞。那末『有些美國人是中國人』爲假。由此可知，在矛盾對當之中，兩個互相矛盾的語句不能同眞，也不能同假。用一個語句之爲眞，可以推論另一個語句爲假，反之，用一個語句之爲假，也可以推論另一個語句爲眞。」

「哎呀！這複雜得很！」王維倫插嘴。

「這並不複雜，」芮先生搖搖頭，「比較起來，這是最起碼的最簡單的說法吧！你如果嫌這複雜，現代符號邏輯如何讀得下去！弄邏輯，當然是要費一點腦筋的。……」

「我們還要接著討論第二種對當關係吧！第二種對當關係叫做全反對當，如果我們說『一切人是有死的』爲眞，那末『沒有人是有死的』便假，可見A和E不能同眞。然而，如果我們說『一切學生都是會說英文的』爲假，那末『沒有學生是會說英文的』也是一句假話。由此可見A和E可以同假。於是：在A、E二個語句之間，若一爲眞，則另一爲假，但是，若一爲假，則另一之眞假不知。它可以眞，也可以假。A和E底這種關係，叫做全反對當。記名詞不甚重要，重要的是把意義或內容弄清楚，尤其重要的是能夠進而照樣□思。」

「芮先生，請您稍微講慢一點。您說在A、E二語句之中，如果一個語句是假的，則不能推知另一語句究竟是眞的還是假的。另一語句可以眞，也可以假。這我不大了解，請您再解釋解釋。」卓俊文問。

「好！在A，E之中，若一個語句假，另一個是可以爲眞，也可以爲假的，例如，A『所有的士兵都是吃饅頭的人』爲假，則E『沒有士兵是吃饅頭的人』也假。但是，A『一切冰淇淋都是沸熱的』爲假，E『沒有冰淇淋都是沸熱的』爲眞。所以，我們說在A和E兩個語句之間，□一個語句之爲假，不能推知另一個語句是假，有時眞，有時假。……你……你懂得吧？」

「懂得了！」卓俊文點點頭。

「懂得了。我們就繼續討論下去。我們要討論差□對當。A『所有的烏頭是黑的』如果爲眞，那末I『有些烏頭是黑的』當然也眞。可見如果A眞則I眞。『一切人都是萬壽無疆的』是假的，『有些人是萬壽無疆的』也假。但是，『所有的官吏都是不學無術而且人格卑污的』固然是假的，而『有些官吏是不學無術而且人格卑污』則是眞的。由此可見，如果A假，則I眞假不定，可眞可假。因而我們不能由A之假而推論I之眞假。復次，『有些貓是會上樹的』爲眞，『一切貓是會上樹的』也眞，可是，『有些貓是白的』爲眞，而『一切貓是白的』卻假。由此可知，I眞時，A可眞可假。由I之眞，不能推論A之眞假。然而，如果I假呢？A一定假。如果『有些人不吃東西』爲假，像□妹一樣，那末『一切人不吃東西』也假。可見，由I之假，可以推知A一定假。總括起來說，若A眞，則I眞，若A假，則I眞假不定。若I眞，則A眞假不定。若I假，則A必假。

「我們對於這種對當關係，要特別留意，」老教授加重語氣說，「一般人常常容易弄錯了。我希望各位由上面的一番討論，得到一點印象。如果我們說了一句全謂的語句，而且這個語句是眞的，那末與之相當的偏謂語句當然也是眞的。這也就是說，如果概括全體的話可以說，那末指稱該全體之一部分的話自然也可以說。這一點，一般人大概沒有問題，對於這種情形所說的話不會錯誤。如果我們對於一部分的情形所說的話是假的，對於那個全體所說的話必定也是假的。『有些人是神仙』是一句假話，『所有的人全是神仙』自然更假。這一點，一般人大概不會常常弄錯。對於一般人有問題的，就在其餘兩種情形。本來，對於全體不能說的話，有時對於部分也不能說，可是有時卻可以說，遇到這種情形，我們不可率爾亂推，必須本著邏輯學底辦法，看它是什麼語句形式。如果I眞，則A眞假不定。這一點我們必須特別注意。例如，I『有些人是吃東西的』爲眞，A『所有的人是吃東西的』爲眞；但是，I『有些花是紅的』爲眞，而A『所有的花是紅的』則爲假。……這個道理其實是很淺顯，我們只要稍稍留心就不會出毛病的。」

十二點鐘了，卓俊文和王維倫走回去吃午飯。

——原載：《中央日報》，第六版，《青年週刊》第十一期「青年知識講座」（臺北：一九四九年六月八日）

# 第十一次 三段式

「假如一切鳥類是卵生的，而且燕子是鳥類，所以燕子是卵生的。」芮先生說完這三句話，對著卓俊文道，「你該知道像這樣的三句話之組合，在傳統邏輯學中叫什麼吧！」

「叫做三段式。」

「對的！我們就以三段式爲今天談話底主題吧！有些人，一聽到三段式這個名詞就□住了，以爲三段式是非常了不得的深□東西。其實，三段式這東西並不是邏輯家的專利品，我們在日常談論之間，常常有意或無意地用到它，我底廚子老趙每天早晨和賣菜的講價錢的時候，那個賣菜的老是說，『如今什麼東西都貴了，菜怎麼不貴呢？』這話雖然沒有具備□三段式完全□□，其實它就符合著一個三段式。□□□□□底話，□三段式樣表示出來，就是，『如果』一切貴的東西□□，菜是一種貴的東西，所以菜也是□□。可見三段式是日常言談間常引用的一種推理方式，而且這種推理方式是自自然然發生的。不過，在日常言談之間，很少有人說出完全的式□□了。」

「雖然，我不在日常生活言談間時時引用三段式，可是，在必須引用三段式來推理的情形中，有時引用了它，有時卻沒有引用它，因此，在這種情形裡所說的話，有的時候對，有的時候不一定對。這好像鄉間醫生治病，有的時候治得好，有的時候卻不一定治得好。這是什麼原因□□？應是由於他不曾察覺當他把病治好了的時候□□□之間引用□了的醫理，而只是一味□的亂碰，所以，有時碰對了，可以□□□，有時碰的不對，便治不好□。同樣的，日常言談之間，必須引用三段式來推理底情形中所說的話，□□□□時對，□□□□□□□□□□□□□□□□□□，這種情形中說的話之說得對的時候所無意引用過的三段式，而只是無意地亂碰。所以，有時碰對了，有時卻碰錯了。」

「假若，日常言談間在必須引用三段式來推理的情形中，我們知道有意地運用三段式來推理，那末在這種情形中所說的話雖然不必一定是對的，可是，有對的希望。好比現代化的醫理，治起病來，不是瞎碰，而是有意地以醫理爲根據。這麼一來，可能治好病底機會比起鄉間醫生瞎碰時可能治好病底機會要多得多。」

「不僅如此，□□」，芮先生停了一停，「我們還要進一□來著想。我們日常言談間在必須引用它，也還不足夠保證我們在這種情形中所說的一定不錯。雖則有對的希望。……這是什麼道理呢？這是因爲除了對於三段式之引用以外，我們大都對於三段式底結構和推理底種種可能未曾知道。」

「邏輯家一方面明文地提出三段式來研究，促使我們在必須引用三段式來推理的情形中知道任意底引用它來推理；在另一方面又研究三段式底結構和它底推理之種種可能，使得我們知道，究竟怎樣地□知三段式的推理，這樣一來，在必須引用三段式來推理之情形中，我們所說的或是所想的，不僅有是對的之希望，而且也足夠保證一定不錯。請各位不要忘記，我是把眞假和對錯分開來的呀！如此看來，研究三段式不是很有意義的事嗎？」

芮先生頗有點烟癮，尤其是在用思想的時候，這是□抽而□抽。「諸位要知道：三段式，古典的邏輯學家非常重視它。幾乎把它當作全部古典邏輯學的中心。因此，從古代到近代的邏輯家，尤其是中古時代的邏輯家，或是一部分經院派學者，對於它所下的研究功夫特別□。他們研究所得到的結果，有的固然重要，可是，在今日的我們看來：有許許多多是繁瑣的，無關宏旨的。我們現在討論三段式底目的是求對於正確的思維有所幫助。因此，我們在這裡對於三段式的討論，只涉及它對正確思維有幫助的部分。至於其餘無

□□□□□□□□□□□□□□□□□□□□□□討論是從常識出發。因此，我們所談的也不必求與古典邏輯學家底講法完全不相同。」

芮先生說了這些開場白似的話，停了一下，客廳裡一時顯得靜寂。

「我現在說三句話，」他又開始說，「一切樹木是植物，一切植物是生物，所以一切樹木是生物。請諸位注意！在這三句話之中，頭兩句話叫做前提，後面的一句話叫做結論。在兩個前提之中的第一個前提叫做第一前提。在兩個前提之中的第二個前提叫做第二前提。第一前提中的名詞『樹木』名之曰第一名詞。第二前提中的名詞名之曰第二名詞。這個三段式中的第二名詞是『生物』。第一前提和第二前提共同具有的名詞『植物』叫做共同名詞。請各位特別注意！共同名詞在三段式中的作用，非常重要。我們藉著共同名詞的介繫得以確定第一名詞和第二名詞間底關聯。我們確定了第一名詞和第二名詞有什麼關聯以後，才能下個結論。共同名詞在三段式中的作用，好像舊式婚姻中的媒人，撮合張李兩姓之好，使他們發生關係似的。哈哈！」芮先生說到得意的地方，□大笑起來。「關於三段式底結構」，芮先生又接著說：「我想大家已經明瞭了。我們現在來談談三段式的種種可能的推論吧！我在前幾天曾經講過，A、E、I、O四種語句中的名詞之普及和不普及的情形，想來各位還沒有忘記，我們必須知道，這四種語句的名詞，普及和不普及底種種情形，對於三段式底推論之可能非常相□，極其重要，這一點希望大家特別注意。爲了便於討論起見，我現在先舉出三段式底推理之三條規律。」

「第一，共同名詞至少必須普及一次。第二，在前提中沒有普及的名詞結論中不可普及。第三，兩個否定的前提不能得結論。」

「各位已經知道，在A、E、I、O四種語句之中，有的語句底有的名詞普及了。有的語句底有的名詞沒有普及。三段式底前提總可以歸納爲這四種語句之中的任何兩種。我們在三段式的推論的時候，一方面必須注意到當作前提的語句何者普及或是何者不普及；另一方面必須遵守或者至少不□，總不會是錯誤的。

「米士特王！請你依照我在這裡所說的辦法，先試一試看。」芮先生問。

王維倫把眼睛向四處張望了一下，看見芮先生底一隻小花貓很快地從地毯上跑過，隨口說了一個三段式道：「一切貓是捕鼠的東西，所以一切貓是老鼠所怕的東西。在這個三段式中，第一前提和第二個前提都是A式語句，結論也是A式語句。在共同名詞『捕鼠的東西』是第二前提之句主。第二前提既然是A式語句，A式語句底句主是普及的。既然共同名詞『捕鼠的東西』是A式語句之句主，所以也是普及的。這合於共同名詞必須普及一次底規律。第二名詞『老鼠所怕的東西』在前提中沒有普及，在這個結論中也沒有普及。因爲A式語句底賓詞總是不普及的。這又合於第二條規律。這個三段式，對不對？」

「對的！很好！」老教授微笑道，「你倒很有點急智。我再給你兩個前提，看你推出什麼結論：所有的同盟國都是對協約國作戰的國家，某某國是對協約國作戰的國家。從這兩句話，你推出什麼結論呢？」

「我推出『所以某某國是同盟國』。」王維倫很快地回答。

「哦！」老教授有些驚奇的樣子。他尋思一下，又問道：「假若我說，『凡屬北平人是說北平話的，某某人是說北平話的，所以某某人是北平人』，請問你，這個推論對不對？」

「不一定！」

「爲什麼？」芮先生很習慣地追問。

「因爲，在事實上不見得說北平話的人都是北平人。有些蘇州小姐底北平話就說得很好。所以，那個推論不一定是對的。」

「唔！」老教授搖搖頭，轉問卓俊文道：「我說王維倫所答非所問，你看是什麼原因呢？」「等我稍微想想再說。」卓俊文回答。

「好！你多想想。」

「飯好了！」阿王進來說。

「　　」

——原載：《中央日報》，第六版，《青年週刊》第十二期，「青年知識講座」（臺北：一九四九年六月二十九日）

第二篇

# 邏輯究竟是什麼？

# 從一點邏輯問題說起

《民主評論》第五卷第十期，載有勞思光先生底〈自由的討論〉一作。這篇大作係對《民主評論》第五卷第六期上以〈自由的討論〉爲名的幾篇信札而發的。關於〈自由的討論〉之主題，作者們認爲，在那幾篇信札所示的範圍以內，陳敘得夠清楚了，凡屬稍有分析能力的人都能了解我們底劃限（circumscribing），所以沒有再說之必要。惟勞先生在該作中有涉及「邏輯」的地方，似可略予剖示。

勞先生文中關於邏輯的地方，集中於分別「『個體與類之係屬關係』，與『類與類之包括關係』之不同。」此與雷函之著意重點，可謂「差之毫釐，謬以千里」！雷函云：「『國家』爲一類名。國家之類與其中個體分子並非立於同一平層之上。國家之類較被包於其中的個體分子高一層級。故：吾人用來形容個人自由的那些性質謂詞，不可用來形容『國家』。於是：吾人不能拿『不守國際公法……』等反對『國家自由』一詞之論據套來依樣反對個人自由。」這一段中的著意重點在「吾人用來形容個人自由的那些性質謂詞，不可用來形容『國家』。至於「『國家』爲一類名。國家之類與其中個體分子並非立於同一平層之上，國家之類較被包於其中的個體分子高一層級。」云云，不過爲支持「吾人用來形容個人自由的那些性質謂詞，不可用來形容『國家』」一說之預立基礎而已，非著意重點所在甚明。形容一類的性質謂詞，不必即能用來形容該類中的分子。這裡所說的「性質謂詞」即邏輯中的predicate。因此，這裡的問題，是定著謂詞（predication）的問題。勞先生只摸著這個問題底邊沿，但沒有觸及這個問題底核心，便率爾操戈，大動刀斧，難怪砍錯了處所。例如，我們可以說：「個人可以合法地自空間之此一點移動至彼一點」；我們可以說「國家可以合法地自空間之此一點移動至彼一點」嗎？假若英國穆爾（G. E. Moore）在英國住得不耐煩，他「可以搬到美國去住」；我們能說「英國可以搬到美國去」嗎？個人「可以被提審」；國家是否也「可以被提審」呢？

假若雷函中有所謂「邏輯問題」，那末有而且祇有這麼芝痲大一釘點兒。這一釘點兒道理，隨便那本較新式的邏輯入門書中，隨手可得。何勞勞先生「割雞用牛刀」，滿身大汗，去搬羅素巨著*Principia Mathematica*呢？更何勞去請出弗勒格（G. Frege）底大駕呢？

問題討論至此，本可告一結束。但是，勞先生接著表演了一陣子符號。「五色令人迷」。爲了幫助大家一清耳目，作者且把這陣子符號底眞面目揭示於眾。我們藉此也可明白，「符號邏輯」是任何常人可懂可學的一種科學。這種科學是安排經經驗語句（empirical sentences）的形式工具；而不是妖道拿來誑騙鄉下人陰符。

勞先生寫道：

(1) $\vdash :\alpha \subset \beta \cdot \beta \subset \gamma \cdot \supset \cdot \alpha \subset \gamma$

(2) $\vdash :\alpha \subset \gamma \cdot \chi \varepsilon \alpha \cdot \supset \cdot \chi \varepsilon \gamma$

此二式中，(1)是羅素書中「類演算」（Calculus of Classes）一章內列為有用命題者（原書號碼為22·44）；(2)是據原書22·441代換而得者。22·441為：

(2') $\vdash :\alpha \subset \beta \cdot \chi \varepsilon \alpha \cdot \supset \cdot \chi \varepsilon \beta$，此亦為有用命題。茲以「$\beta$」代(2')中之「$\alpha$」，以「$\gamma$」代(2')

中之「$\beta$」，即得⑵式。

此二式依次表類與類之包括關係，及個體與類的係屬關係。二者皆是Tautology。

現在如肯認$\beta \cup \gamma$，則據⑴可說，若$\beta \cap \gamma$而$\alpha \cap \beta$則$\alpha \cap \gamma$；同樣在此肯認下，據⑵可說：若是$\beta \cap \gamma$而$\chi \varepsilon \beta$則$\chi \varepsilon \gamma$。這只是分開說而已，形式效力無異。

勞先生在這一番陳示中說：「此二式中，⑴是羅素書中『類演算』（Calculus of Classes）一章內列爲有用命題者（原號碼22・44），……」勞先生不必舉出「原號碼」以示信於天下。因許多此類教科書中亦有標明原號碼者。即中文的邏輯教本如金岳霖先生的著作中也標明原號碼。然而，勞先生說「⑴是羅素書中『類演算』……一章內列爲有用命題者」。所謂「有用命題」字樣，作者遍查勞先生所示「類演算」一章，即自*Principia Mathematica*第二〇五頁至二一二頁，用顯微鏡也找不出任何字句相當於勞先生所謂的「有用命題」。如果羅素要特別標明⑴等命題是「有用的」，豈非暗示其餘命題是「無用的」？「無用的」命題，何必納入其系統之中？作者底*Principia Mathematica*係英國劍橋大學版本。勞先生底出自何家？

勞先生說：「(2') $\vdash :: \alpha \cap \beta \cdot \chi \varepsilon \alpha \cdot \cup \cdot \chi \varepsilon \beta$，此亦爲有用命題。茲以『$\beta$』代(2')中之『$\alpha$』，以『$\gamma$』代(2')中之『$\beta$』，即得⑵式。」查勞先生之⑵式爲：

「⑵ $\vdash :: \alpha \cap \gamma \cdot \chi \varepsilon \alpha \cdot \cup \cdot \chi \varepsilon \gamma$」。

但是，作者依勞先生底規定，無論怎樣得不到這樣的⑵式；而祇能得到：

$$\beta \subset \gamma \cdot \chi \varepsilon \beta \cdot \supset \cdot \chi \varepsilon \gamma$$

勞先生在後來自己也是這麼寫的。這樣簡單的一點代換手術，勞先生就弄得自己前後不符。這個樣子的頭腦，如何要弄邏輯？

這種錯誤，也許是出於粗心大意，或情緒不穩，甚至算在手民排誤的帳上，不足以證實勞先生不通邏輯之皮毛。我們且往下看勞先生是怎麼說的。

勞先生說：「此二式依次表類與類之包括關係，及個體與類的係屬關係。二者皆是Tautology。」Tautology一字，有人譯作「套套絡基」；有人譯作「同語反覆」。近人之自以爲通「符號邏輯」而其實一心以玄幻爲務者，每好侈言這隻詞兒。這種人一提起邏輯，就說「那不過是同語反覆而已」。不懂現代學問爲何事者，也跟著鸚鵡學語。一般說邏輯是同語反覆的人，不知道自己所說的同語反覆究竟是那一種同語反覆。通常所說的同語反覆，應是truth functional mode of tautology，即眞値函數所決定的同語反覆。迄今爲止，任一公式是否爲一同語反覆，必須靠決定程序（Entscheidungsprozess）來決定，而非靠演證程序來演證。依此，迄今爲止，我們祇能有把握地說，語句演算中的可決定的語句是同語反覆。未聞有說類底演算中的可演證語句是同語反覆。有之，自勞先生始。邏輯中的專門術語之使用有其一定的嚴格範限。那裡可以自作聰明！隨意搬弄？

勞先生接著說：「現在如肯認$\beta \cup \gamma$，則據⑴可說，若$\beta \subset \gamma$而$\alpha \subset \beta$則$\alpha \subset \gamma$。」這套妙論，眞是妙絕人寰！這裡所說「肯認」是什麼呢？是而且祇能是英文的「assert」，用邏輯符號表示是「$\vdash$」。$\beta \cup \gamma$怎麼能夠「肯認」？$\beta \cup \gamma$究竟是什麼？前提嗎？推論工具嗎？總應有一樣是的。勞先生自己鬧清楚了沒有？$\beta \cup \gamma$如果要有意義，在此只能是一語句函數（sentential function）。一個語句函數，有時眞，有時假；總而言之不是永眞的。不是永眞的語句函數，就不是一個同語反覆。不是同語反覆的東西，如何可以「據」之推出同語反覆？老鼠怎麼生得出貓子來？

在邏輯上，能作爲推論工具的，有而且祇有這三者：一、形變規律；二、未經證明的語句，即通常所謂原基語句；三、所擬證明的語句之前的任何已經證明過的語句。我民孤陋寡聞，才疏學淺，從來沒有見過勞先生這種超人的辦法，把一個語句函數作爲推論工具之事。

勞先生又說：「⑴……⑵……這只是分開說而已，形式效力無異。」但是，他在前面老早說過：「將此二者混而言之，在嚴格意義上爲一錯誤；並非謂表蘊涵關係之形式命題不能同時適用於二者。」大談「邏輯」的有數學人，頭腦竟混亂到這種地步，實在不能不令我民大失所望。作者現在要問：一、什麼叫做「形式效力無異」？二、「表蘊涵關係之形式命題」既然「並非不能同時適用於二者」，爲什麼會弄出「在嚴格意義上」的「錯誤」？

凡稍習現代邏輯者當知，簡單原則爲邏輯上有幫助的原則。果如勞先生所言「包含關係」與「分子關係」底「形式效力無異」，那末「包含關係」與「分子關係」何必要「分開說」？之所以「包含關係」與「分子關係」要「分開說」者，因二者底形式資材（formal property）不同故也。「包含關係」有傳達性（transitive）；「分子關係」沒有。「分子關係」在組論（set theory）中所起的作用，「包含關係」也無法替代。離開了這些形式資材，勞先生跑到那裡去找「形式效力」？到唯心論者底那一顆「道心」裡去挖嗎？不同的符號設計（symbol-design）可表不同的「形式效力」。離開符號設計而談「形式效力」便是談玄。邏輯領域裡，是沒有談玄者底座位的。勞先生既然說「包含關係」與「分子關係」二者底「形式效力無異」，就得用一可符徵的概念來統攝二者。果爾，將爲現代邏輯上的空前貢獻。如其不然，是否用「窮理盡性」之「法力」來統攝呢？

蘊涵關係，在第一次謂詞演算的層次中，以及再上的層次中，祇是必要條件而已。這也就是說，在這些層次的演算中，不滿足蘊涵關係是演不通的；可是，僅僅滿足了蘊涵關係，而其他條件未滿足時，還是演不通的。所以，「表蘊涵關係之形式命題」，雖然「並非不能同時適用於」「包含關係」和「分子關係」這「二者」，可是「在嚴格意義上」還有「錯誤」。因爲，一談「分子關係」，便涉及一個語句底「內部結構」（inward structure）。而蘊涵關係只能涉及語句與語句之間的「外部結構」（outward structure）。紅藥水只能塗抹皮膚表層，藥力不能滲入肌肉的。勞先生看不到這一層，所以他提著筆在表面滑來滑去，以致所作論斷全不相干也。

夠了！勞先生有關邏輯的議論之中心的文字，算來不滿一百三十個字。在這不到一百三十個字的世界裡，無中生有，錯誤叢出，捕風捉影，層見迭出。作者所指出的這些毛病，都是基本而又基本的毛病。祇要是老老誠誠習完大學一年邏輯的學生都不會犯這些毛病的。不意有術的學人竟連這點基本訓練都發生嚴重的問題，眞令我民惶惑莫名！

話說到這裡，作者聯想到，如果我們「中國現代哲學家」都是勞先生這種搞法，那末，如何縱談「大學問」；如何「綜合深高的哲理」；如何「護持歷史文化」；又怎樣一忽兒黑格爾，一忽兒「古今中外」，一忽兒「印度西洋中國文化之比觀」，學問之「大」，漫天蓋地；時而「承續道統」，「繼往開來」；時而「爲生民立命」，「爲天地立心」，氣象萬千；揪緊這些ethos不放，怎樣不妨害科學與民主底展進。凡此等等，俱非凡夫俗子愚頑不靈如我民者所能「懂得」於萬一。

然而，有一點卻已爲我們測驗得明明白白。從勞先生談邏輯，我們可以確知：談玄說幻與談邏輯之類底學問大不相同。談邏輯是「硬過硬」的事。任何人一談邏輯，則是非、眞妄、對錯、深淺，立刻分明。談玄說幻則不然。談玄說幻，第一不需要任何東西來對證，第二不用社會化的語言。這樣一來，賣弄花槍，招搖蒙混，裝腔作勢，巧立名詞，妄自造作之事，便盛行四海。並且，任何提得起筆的人，都可「立地成佛」，作大法師，板起面孔，「教化萬民」。這一套妙法，在理知不發達的社會，是極易得售的。而相形之下，弄科學則是極度辛苦的事，也許十年不見一功。

「馬後桃花馬前雪，叫人那得不回頭！」

——原載《自由中國》，卷十期十二（臺北：一九五四年六月十六日）

# 邏輯究竟是什麼

## 一

當著作者寫這篇文章的時候，提起筆來，眞有點「予心茫然」之感。我們現在之所以遭逢這樣的浩劫，至少從人文建構方面說，是由於失去標準所致。由於失去標準，我們遂在迷亂之中過日子。這種既倒的趨勢，依作者觀察，並未因表面的整齊劃一和服服貼貼而中止；恰巧相反，這一迷亂趨勢在表面的整齊劃一和服服貼貼之下內在地默默進行，腐蝕僅餘的生機，像地下水之浸蝕地殼一般。這種趨勢，究竟伊於胡底呢？這一個令人困惑的問題。

依歷史上許多實例觀察，在社會之政治的或經濟的大動亂的轉捩期間，如果學術文化的一線命脈得以保持不墜，那麼時來運轉，那個社會或有復甦之可能。然而，時至今日，這點微茫的可能性，碰著現代化的全面統治技術，也連根動搖了。我們所看到的事實是，許多人不獨未能維護這點不絕如縷的學術文化命脈，並且是把它工具化而旦旦伐之。此有心人之所以爲天下憂也！現在，社會之政治的或經濟的混亂，也在在反映到學術領域，使我們底學術領域也呈現著是非不明，黑白不分，和眞僞混同的光怪陸離現象。目前許多人瞎談邏輯，就是千萬例中之一例。

提到此時此地談邏輯的一般現象，眞是令人啼笑皆非，感慨無窮。像街上出售的大講其「陰陽動靜」諸般陰陽怪氣的「理則學」，姑且不論；在號稱學府之中，一般現象，不是把邏輯講成形上學、知識論，就是把邏輯與文法或倫理學攪混在一塊。其能抱殘守缺地照著亞里士多德式的傳統說法來講的，已經說得上是平實之士了。作者嘗見有些關於邏輯的講義，你說它是在講邏輯，它又是在談玄。你說它是在談玄，它底下幾句話又是在談心理學。你說它是在談心理學，它底下的口氣又彷彿是在談倫理學。同一章內，你說它是在講演繹法，它底語氣似乎是在談歸納法。等你看到歸納法，它底說法又像是在講演繹法，這樣的講義，寧不令人傷心？又有的人居然把邏輯與「唯物辯證法」等量齊觀，視作同一學問之二派。荒謬一至於此，寧不令人爲中國學術前途哭！

既然實際的情況如此，所以把邏輯究竟是什麼這個問題弄清楚，乃一極其必要的事。

## 二

邏輯一學傳至中國，已三百餘年於茲。三百餘年前明人李之藻與葡萄牙人Francisco Furtado，合譯亞里士多德《名理探》。這且不論。自庚子年嚴復譯穆勒《名學》，迄今已五十餘年。五十餘年來，邏輯一科逐漸列爲大學或專門學校底必修或選修課目。

五十餘年的時光不算短，爲什麼一般人對於邏輯的印象還是這樣模糊不清楚呢？歷史的原因，是名數之學在中國向不發達。歷史的原因乃一置境（collocation），可存而不論。我們現在所須尋找的，是邏輯在中國（以及東方其他部分）不發達之相干的直接原因。依作者之所知，這種原因可分二類：一是學術傳統之影響，二是政治的影響。我們先陳示第一類底原因。

### ㈠學術傳統之影響

從弄哲學的人來看，亞里士多德是一位哲學家。而邏輯以亞里士多德爲始祖。邏輯，正如其他許多科學一樣，當初被包含在「哲學」一個名詞之下而與哲學不分。這一傳承，沿襲既久，於是邏輯之教學與傳播大率皆由弄哲學的人從事。西方近九十餘年自英國波勒（G. Boole）以來，特別自近四十餘年《數學原理》（*Principia Mathematica*）出版以來，尤其是自近二十餘年語法學（syntactics）及metalanguage之出現以來，邏輯研究逐漸脫離與哲學的混同而成爲一門獨立的科學，亦若心理學之逐漸脫離哲學而成一門獨立科學然。但是，心理學因需藉助於儀器與實驗，哲學家遂不能不承認這個兒子遠離懷抱而自立門戶之事實。邏輯之脫離哲學懷抱而成一獨立科學之事實，則不如此顯著，因而這一事實不若心理學之易得哲學家之普遍承認。在西方，由於數學家之從事此道者日眾，具體成果日多，以及應用範圍日廣，於是大部分弄哲學的人不得不承認邏輯已成一獨立科學這一事實，但是，在東方弄哲學的人，對於邏輯底這一進展多懵然不察，即有所察亦不嚴重正視，至多只說一聲「這是另一派」以了之（關於這一點，在以後要作比較詳細的討論）。而康德和黑格爾之流底哲學家對於「邏輯」一詞的泛用，則助長邏輯與哲學之攪混，而這一攪混，使得東方許多弄哲學者因面對繁複的邏輯觀念與技術而不知所措之情，找到一個堂皇的辯解之詞和避亂之所。

然而，稍微不習慣於混亂思想者都可以知道康德與黑格爾所謂之「邏輯」，與現代邏輯家所謂的「邏輯」，雖用同一名詞，但意（designatum）則各不相同。所以，現在的問題不在誰應該叫做「邏輯」，誰不應該叫做「邏輯」，這個問題是扯不清楚的，即使扯得清楚，與我們現在所討論的問題之層次全不相干。我們現在所要弄清楚的問題，根本是一語意問題（semantical question），即是，康德和黑格爾所謂的「邏輯」各是什麼；而現代邏輯家用「邏輯」一詞所指的又是什麼！

康德底「邏輯」是所謂「超越的邏輯」（transcendental logic），所謂超越的邏輯，是決定理性認知底起源、範圍，及其客觀效準之學。黑格爾所謂的「邏輯」是包括Sein、Wesen以及Begriff這樣三分的三個範疇的「絕對理念」之自身之學。還有的哲學家所謂的「邏輯」之所指，是知識底形態之學。

對於「邏輯」一詞底這類用法之所指，或爲形上學，或爲知識論。無論所指究爲形上學或爲知識論，與從亞里士多德傳衍下來的「邏輯」是兩回事而不是一回事。從亞里士多德傳衍下來的「邏輯」，是經過中世紀學者底詮釋，十九世紀至二十世紀數學家與邏輯學家底革新與擴大的一堆題材。這一堆題材，我們把它叫做什麼，是否叫做「邏輯」，實在都是不太重要的事。然而，有三點則是我們所必須注意的：

1.從亞里士多德開始研究的一部分題材，與所謂「現代符號邏輯」，在性質上並無根本的不同。當然，在「邏輯」這一名稱之下，以「現代符號邏輯」名之的一部分題材，與以「亞里士多德邏輯」名之的一部分題材，比較起來，前者精而後者粗，前者廣而後者狹。可是，這正是學術進步的正常現象。我們不能因此說「現代符號邏輯」與「亞里士多德邏輯」是「不同的兩種邏輯」，所謂「現代符號邏輯」與「亞里士多德邏輯」這兩個名詞只在用來表示同一邏輯底歷史發展之二個不同的階段時才有意義，或用來表示內容之精粗廣狹不同時才有意義。我們不能因同一學問由於歷史階段之不同而呈現出精粗廣狹之不同而說它們是兩門學問。只有性質和題材不同，才能決定不同的學問。在近來的西方此類文獻中，似乎從來沒有人說「現代符號邏輯」與「亞里士多德邏輯」是兩種不同的「邏輯」。

2.康德，尤其是黑格爾等哲學家用類似亞里士多德邏輯的名詞所表示的形上學或知識論，即使是說得通的或站得住腳的學說，與亞里士多德以來用「邏輯」名之的那堆題材實在毫不相干。就作者之所見，在西方頭腦稍不糊塗的教書人或作者，沒有把二者混爲一談的，但這點分辨能力，在東方人中，似乎並沒有普遍養成。然而，這點分辨能力，卻又是如此之重要。因爲，康德和黑格爾等哲學家在表示他們的知識論底某一方面或形上學底某一方面時所用的名詞是些擬似邏輯的名詞（quasilogical terms）。既然那些名詞是擬似邏輯的名詞，當然就不是眞正的邏輯名詞（genuine logical terms）。但兩種名詞呈現到吾人眼前的物理形狀（physical shape）多少相似，於是許多腦袋爲玄學所泥或分析能力不夠的人，便望文生義，以爲二者是同一的東西了。今日在東方一般大學或社會上所發生的這些對於邏輯之似是而非的說法，一部分或大部分正是這種攪混之結果。當然，康德底超越邏輯並非不可講，黑格爾底邏輯也並非不可以講，其他哲學家以「邏輯」名之其題材也並非不可以講。但是，我們在講這些東西的時候，我們自己應該首先清楚明白，我們在講這些東西時，是在「邏輯」的帽子底下，講某某一家底知識論，或某某一家底形上學。如其不然，我們在「邏輯」帽子底下講知識論或形上學，而我們以爲「邏輯」就是這些東西，這些東西就是「邏輯」，那麼豈不自誤誤人？從前中法大學請一位先生教大學一年邏輯。這位先生便對大一學生高談康德十二範疇，弄得學生愁眉苦臉，摸不著頭腦，講了一年學生尙不知邏輯爲何物。作者後來碰見了幾位學生，問他們學了一年邏輯，成績如何。他們說：「聽了一年講，還未入門哩！」「哦！」作者就打趣道：「你們底老師尙且沒有入門，怎能叫你們入門呢？」其實，就作者之目擊，這樣的現象，何止中法大學爲然哩！

也許有人說：「康德和黑格爾等等哲學家之所講，雖然不是亞里士多德式的邏輯，是關於邏輯的哲學。既爲關於邏輯的哲學，可不可以講呢？」當然可以講。但是，從現代的眼光看來，他們所講的是否可說是「邏輯的哲學」，實在大成問題。退一步言之，即使那些說素算是「邏輯的哲學」，我們在講的時候，我們自己應該明白，關於邏輯的哲學是一種哲學，邏輯還是邏輯，二者不可混爲一談。因此，我們不能以爲講關於邏輯的哲學就是講邏輯，物理學是一回事，關於物理學的物理哲學是另一回事，物理學家可以談物理哲學，也可以不談。物理學家談物理哲學對於其物理學之研究毫無積極的幫助，至少沒有直接幫助。一個嚴格的物理學家可以不談物理哲學。這對他之爲一物理學家而言，絲毫無損，同樣，邏輯所涉及的，只是邏輯語法或語意方面的問題。或語句之形式的演算、函數演算、類之學說、關係論等等，也許有人說，這些東西背後，有其哲學基礎。我們承認也許有。但是，這是哲學家底事體，或關於邏輯的哲學之事體。作爲一個邏輯家。根本可以不理這類基礎底問題。邏輯家不理這類基礎底問題，絲毫無損於其純邏輯之研究；不僅無損於其邏輯之研究，有時反而有益。因爲這樣可以掙脫在歷史中邏輯與哲學所發生的那些拖泥帶水的因素。在事實上現代邏輯家是這樣做的。因此，現代邏輯得以無礙地突飛猛進。

也許有人說，邏輯與其他許多學問相較，與哲學之關係究竟比較密切，所以常須在一起講。在此，「關係比較密切」一詞底意謂殊爲含混。所謂「關係比較密切」是什麼意謂呢？一、是基礎的倚賴關係嗎？二、是建構的相倚關係嗎？三、是歷史的關係嗎？關於第一個問題的解答，從上述的解答，可以看出，不必重述。關於第二個問題，作者底答覆是：邏輯與哲學沒有建構的相倚關係。哲學自身沒有技術，它靠邏輯技術以爲技術。但邏輯不僅可供哲學以技術，也可以供cybernetics以技術，可供遊戲以技術，……。既然如此，邏輯在其建構上與哲學沒有關係，剩下的只有第三個問題了。如果說邏輯與哲學有何關係，那麼這種關係就是歷史關係。但是，歷史關係是一種衍發關係，衍發關係與眞假無干。所以，從眞假角度來看，我們由邏輯與哲學的這段歷史關係，得不到這個結論：講邏輯不必須講哲學。這正如講物理學不必講物理學史一樣。當然有歷史興趣的人不妨講講。不過，那就是另一回事了。

3. 如果在大學一年教邏輯底目標不是講授藉擬似邏輯的名詞來講授玄學、或形上學、或知識論，而是教初學者以健全的推論能力、或解析能力，藉以增進初學者對於世界的了解能力，那麼我們所應該教的就必須是自亞里士多德以來，經過中世紀學人詮釋，尤其是十九世紀和二十世紀之數學家與邏輯家革新並且擴大了的那一套題材。有而且只有教授那一套題材，才能達到使初學者獲得健全的推論能力或解析能力之目標。如果不此之圖，那眞是南轅而北轍了。

至於邏輯之不應與心理學、倫理學、文法和修辭學相混，這類問題比較易於解答，無需作者多費筆墨。

## ㈡政治的影響

除上述學術傳統的影響以外，使許多人對於邏輯的了解受到歪曲的，還有政治原因。上述學術傳統之影響，雖然使東方許多人接受邏輯蒙受不利的影響，然而，究竟來說，這種影響，還可以說是學術範圍以內的事。可是，另一種使一般人對於邏輯發生錯誤的了解之因素，認眞說來，則根本不屬於學術範圍。但是，這種因素，卻以學術姿態出現。而且聲勢浩大，造成一種氣候變化似的形勢，籠罩著一部分對於西方學術不甚了了的地區的學術思想界。這種氣候變化似的形勢，使生息呼吸於此空氣中者，不知就裡，遂爲其所惑。

作者所說的這種因素，就是所謂「唯物辯證法」之宣傳。唯物辯證法之宣傳，所採取的技術是相當高明的，它不以通常宣傳方式出現，而係以講學術的面貌出現。它一方面窮年累月地說「形武邏輯」是「靜的邏輯」，如何死板機械，如何不足以說明社會之「歷史的必然發展」，如何「脫離現實生活」；在另一方面說「唯物辯證邏輯」是「動的邏輯」，如何足以說明社會之「歷史的必然發展」，如何既是一種「世界觀」又是一種「方法論」，如何與「現實生活」聯繫。同時，彼等又鍥而不捨地從歷史、文學、藝術、哲學，甚至自然科學來「反映」這些說素。換句話說，彼等將「唯物辯證法」和盤「溶解」到這些部門裡去，使這些部門無一而非「唯物辯證法」底反射面。結果，造成許多人一種印象，即「唯物辯證法」說起來頭頭是道，處處逢源，什麼都用它解釋得通，當然無疑是眞理了。在咱們中國，文史方面有自己底傳統。因而從學府到社會，對於文史總可能有最低限度的品鑑能力和分辨眞僞高下的能力。所以，關於文史方面的作品或講習，如果過分胡鬧，或太不著邊際，人多嗤之以鼻，而邏輯一科，中國自己根本沒有這個傳統（先秦名辨與印度因明根本不能與西方邏輯同日而語）。而近五十餘年來學府裡講習邏輯之成績又如此薄弱，一般社會不識邏輯爲何物。數十年來，在吾人所處的周遭，有一特殊現象，即將「惡幣驅良幣」的定律加以推廣。可以說明，好的事物抵不過惡的事物，好人鬥不過惡人。同樣，今日壞書吸引人易，表現眞理的書吸引人難。多少兒童因看連環圖畫而著迷而要上峨眉山練劍，可是，有幾個初中生因習幾何而生肺病的？「左傾文人」所罵的「形式邏輯」即自亞里士多德所傳衍而至十九世紀及二十世紀許多數學家與邏輯家所革新與擴張者，內容繁複曲折，非用功不能入腦；毫無半點吸人感情之處，且非到思想階段的人不悉其用處何在。而所謂唯物辯證法則只有三個觀念，和那簡簡單單的三條所謂「法則」。這一類底書刊取譬說明，又都是日常生活，感官印象，或訴諸好惡之情，或對未來以極肯定的態度妄加預測，或作錯誤的因果聯接，……。兩相對照，「形式邏輯」猶如幾何學，唯物辯證法猶如連環圖畫。誰能吸引「大眾」，不問可知。在這樣的境況之下，「左派文人學者」說「唯物辯證法」就是「邏輯」，自然就有人信以爲眞了。不獨曾有許多小朋友們信以爲眞，而且有許多大人們也信以爲眞哩！

也許有人說：「就算你所說的對，唯物辯證法不過是一種冒牌邏輯罷了。但它也是頗有根源的東西。即使它底說法不甚可通，我們還可以說它是學術裡的東西，不過是很粗劣的學術罷了。何致於像你所說的那樣嚴重，根本不是學術呢？」

非也！非也！一種東西，我們要確定它是否學術，非常之不易從內容著手。因爲，如從內容著手，我們必須先求出一個一刀兩斷（clear-cut）的劃分標準，來劃分那些內容才夠得上稱學術，那些內容不夠格，可是，這樣的劃分標準，似乎極其不易求出，街上有相命者流，掛牌「哲學相命」，自命「哲學家」。如果有位熱心的哲學教授見了生氣，跑去干涉他，請他別濫用名詞，冒「哲學家」。我們也心知其非。可是，如果這位相命家很調皮，而且口才非常之好，他要求這位哲學教授清楚劃分什麼內容的關鍵才配稱哲學，有什麼程度的哲學知識才配稱哲學家。我們想這位哲學教授一定會狼狽而退的，從內容之劃分來作劃分學術與非學術之標準，是非常難於實際著手的。作者現在所提出的識別何者爲學術與何者非學術辦法是：㈠在一長遠過程之中諸多跡象共同描繪出來的趨向；以及㈡一項研究從而出發的意圖。當然，這兩種劃分方法還是有困難，不過它底困難比從內容上劃分少得多了。許多方法之取捨，本來就是繁簡難易程度之取捨，並非「不全則無」之取捨。如欲採用作者所提出的兩種辦法，必要條件之一，為對大量現象（mass phenomena）作長期觀察。除此以外，對於所觀察的現象，提出種種假說。吾人再依事象之發展來決定何種假設之去取。如果最後只餘一個假設，那麼再依事象之繼續發展以修正這個假設。這樣逐步細心觀察與用思，終於不難發現此類現象底發展線索。當然，也許有人說，這種方法是「外在的方法」。誠然，這種方法是外在方法。但是，這種方法的應用比較易於把握（handleable），可明指（ostensible），可印證（confirmable），而且比較富於彈性（flexible），所謂「富於彈性」，就是我們可據之以不斷修正我們底觀點。所以，在許多方法之中，作者無寧選取這種方法。

我們現在依據上述第一個辦法來衡量唯物辯證法，看它是否學術。

依近三四十年來至少在中國以及在東方有些地區的某一股文化活動發展底跡象，我們利用函數曲線圖表可以清晰地觀察出來：這一股文化活動底指向是朝著一定的方向趨進。這一股文化活動之趨進，是有著一定的層次或進度。依據一系列底現象及其趨進的方向，我們可以看出這一股文化活動不是偶然的，而是有一個固定的政治目標。既有一固定的政治目標，我們就可以看出它背後有一政治引擎在那兒發動。這整個的作法，我們叫做「政治心理工程」。這一政治心理工程底建設，一方面是從感性的（sensational）方面入手；另一方面是從理性的方面入手（其實不是眞正的理性，而是假冒的理性）。從感性方面入手，就是利用文藝（詩、歌、小說）、藝術（舉凡戲劇、繪畫，木刻都屬之）、音樂等等，夾帶「普羅意識」，製造「階級仇恨」等等。在「理性的」方面，則宣傳「唯物史觀」，提倡「唯物辯證邏輯」。如前所述，彼等將唯物史觀，或唯物辯證邏輯式的意識普遍擴散於文學批評、歷史、哲學，甚至於自然科學之中：像一撮紅色顏料，投入一缸一缸的水中似的，水能染成紅色了。換句話說，在這種工程之下，藉唯物史觀或唯物辯證邏輯將文學批評、歷史、哲學，甚至自然科學唯物體系化了。因而，每種東西都成了唯物史觀或唯物辯證邏輯底摹本、底寫照、底擴散器。或者，用專門一點的名詞說，每種東西都成了這二者底翻譯：用唯物史觀或唯物辯證邏輯式的語言寫歷史，寫哲學，甚至於寫自然科學，……像過去翦伯贊寫的中國歷史，范文瀾等六人合著的《中國簡明歷史》，以及那個什麼艾思奇寫的啥子《大眾哲學》等等，都是好例。這樣一來，各種方言底語言，共同烘托出一個形式底「意識」。這樣一來如前所述，許多人得到一個印象，世界上果眞有這麼一種「思想體系」，對於什麼都說得通，頭頭是道，處處逢源，當然是眞理無礙了。這種印象一旦散入春風滿洛城，又可形成一種「時代精神」。一種思想一旦成爲「時代精神」，便會發生一種「思想的聲威」。在這種「思想的聲威」之下，除了思想訓練有素的少數人以外，有幾個人不在無意之間受其影響呢？

但是，我們要知道，這類思想是有慣性的，動者恆動；又是有類似物理上的尖劈作用的。如果有人相信唯物史觀或唯物辯證邏輯，而且普遍到了上述的程度，就其勢不能中止。其勢不能中止，就不愁你們不接受隱含在這一套東西背後的政治意識了。到了這一進度，隱含在那些說素之中的政治意識便脫穎而出，豁然顯露。到了這一步，你自己已於不知不覺之間置身於工程師們所希望的政治行動底行列之中了。到了這一步，你還能把唯物史觀或唯物辯證邏輯「當作純粹學術來講」嗎？然而，識破其中機括的人似乎不多。而未識破其中機括的許多人偏偏負有傳達知識之責。學術思想上的大混亂怎樣可以避免？學術思想混亂，其影響又爲如何？

我們現在拿上述第二個辦法來衡量唯物辯證法，看它是否學術。

吾人研究純學術之意圖，必須是爲求知識而求知識，爲求眞理而求眞理。這也就是說，凡從事求知識或眞理者，不能存有求知識或眞理以外的任何動機。如果有求知識或眞理以外的動機夾雜於其間，那麼求知活動一定受到影響甚至或歪曲。這樣一來，我們所得到的結果也就不是純學術的結果。眞理常爲人所不喜，亦有時其結果對若干人不利。這個世界不是爲權力者少數人而創造，因而對於這個世界的正確知識（即眞理）與權力欲不必一致。關於電氣的知識固然有利於極權統治者捉人，但地球繞日之說則因動搖宗教傳說而大不利於僧侶階層，在正確的知識與權力衝突的情形之下，權力者就要想方法對付正確的知識了。秦始皇收天下兵器鑄爲十二金人。他是想「拔本塞源」，杜絕禍源，爲其子孫奠萬世之業。今日的極權統治在技術上高出始皇多多，極權統治者不獨知道收天下金器（用現代的名詞說就是「不許民間私藏武器」），而且更「拔本塞源」地管制人民底知識與思想活動底大方向。「自然忌眞空」。同樣，人是好思想的動物，人腦忌眞空。現代極權統治者深知此點，於是，彼等拿一套東西來塡充大家的腦筋，代辦思想。這一代辦，便使人民底思想與知識活動底方向朝有利於政權的方向發展。於是，所謂的「學術」就被利用。昔大禹治水，導之入海。今極權統治者利用「學術」以治人知識，導之朝斯達林，導之擁毛澤東。億萬人底心靈爲何控制，眞是千古浩劫！

既然如此，在極權統治之下所謂「學術研究」之最後眞正的趨歸，不在明是非，求眞理，而在顧及政治的利害：一切「學術研究」以追求政治的實際利益爲最高指導原則。但是，眞理既然不幸常與極權統治者底政治實際利益衝突。於是在「學術研究」過程中，所得結果縱合於眞理，如不合政治實際利益，則必設法曲而解之；所得結果，縱背眞理，如合政治實際利益，必極力詞而辯之。這樣一來，還有什麼眞正的是非對錯好講呢？既然如此，所以我們不能拿是非眞假對錯這類範疇來疇範它。而學術是在是非眞假對錯範疇以內的東西，所以凡被賦予政治前提的研究工作，姑無論其結果如何，一概不是學術工作。俄國那個賴申科居然大談其遺傳學。他談遺傳「學說」底動機是爲了支持無產階級底優秀性質可以遺傳這一政治要求，而不在發現不同乎曼德爾定律的定律，不在爲眞理而眞理；而且支持其「遺傳學說」的不是實際基礎，而是「黨」、「權威」、「斯達林底天才」、「無產階級底擁護」，這還有什麼科學的是非眞妄對錯可言，這不過是政治宣傳之一面而已。

從上面所說的，我們可以想到：錯誤的知識固然不可喜，但與根本無對錯可言的政治宣傳比較起來，卻可喜得多。錯誤的知識固然錯誤，但它和正確的知識一樣，同爲人類求知底產品。所以，自求知的活動言，它可以放到與正確知識同一個範疇以內。這好像兩個學生投考大學，一個考取了，一個落第。但兩人既同爲求學而來，當然應該一視同仁，視作好學生。錯誤的知識雖然與正確的知識相反，但還有改正的希望。這也好像今年落第的學生有希望在明年考取一樣。但是，根本無對錯可言的政治宣傳，它不是人類求知底產品，它只是權力欲底副產物而已。因此，它不僅不能與正確的知識相提並論，而且也不能與錯誤的知識相提並論。因爲，它連錯誤的知識之資格也沒有。這好比一個扒手混進考場，他底目的不是投考，只是扒錢。對於這樣的傢伙，我們不僅不能承認他是錄取生，連落第生也不是。根本無是非、眞假、對錯可言的政治宣傳，其目的既不在明是非，求眞理，辨對錯，自然也沒有改成正確知識的希望。這也好比以行扒竊爲業者沒有考取大學的希望一樣。這樣看來，與根本無對錯可言的政治宣傳比較起來，錯誤的知識與正確的知識倒是接近得多。依此，我們無寧可以說，錯誤的知識是在學術範圍以內。這種說法，還有一個便利之處：容許人類底知識隨時有修正底餘地。如其不然，我們就無法替過去認爲正確而現在因知識之進步看起來已屬錯誤的知識預留餘地。從人類知識進步底歷史來看，我們對於錯誤的知識應有這樣的寬容。但是，無論如何，我們不能對政治宣傳有這樣的寬容。我們不能承認政治宣傳是學術。如果我們承認政治宣傳是學術，那麼等於承認無是非、無眞妄、無對錯可言的東西是學術。這樣一來，一切學術都會垮臺了。所以，嚴格地說，蘇俄等極權國家沒有眞正的學術。

依據我國在以上對於學術與非學術兩個劃分辦法看來，可知「唯物辯證法」壓根兒就不是學術之一。它既不是學術之一，當然也就不是邏輯了。可惜在東方，除了極少數學人以外，大多數人找不清這些碼頭，識不透這些關節，也沒有守定學問上這些分寸。於是，彼等於不知不覺之間，一任自己底頭腦做在學術面貌之下的政治宣傳之收音機。

# 三

我們在前面已經將包括在「邏輯」一名之下而其實非邏輯成素的許多成素汰除於邏輯以外了。做了這一番工作以後，我們現在就應須從正面說出邏輯究竟是什麼。依據最近二十年的研究趨勢，我們可以給邏輯一個界說如後：

邏輯是有效的推論之科學。

首先，我們應須明瞭，邏輯是科學，是不折不扣的科學。邏輯之爲一科學，與數學之爲一科學，正無以殊。邏輯既然是一種科學，科學就有其一定的規格，不能胡扯亂道，望文生義。當然，邏輯可以從哲學那裡得到啓示（suggestions），但是，就邏輯之構作或演算而言，這種啓示是間接的，而不是直接的；是影響性的，而不是決定性的；是成面的，而不是成點的；是從背後入手的，而不是從正面進來的。無論如何，對於邏輯有這類啓示能力的哲學家，必須是精通邏輯的哲學家。

在這個界說之中，有幾個名詞必須弄清楚。一個名詞是「推論」，請注意作者在此所說的是「推論」（inference），而不是「推理」（reasoning）。區區一字之差，大有分別。所謂「推理」程序，是以各種特定的（specific）「理」爲前提的推衍程序。「理」有多種：物理學有物理學之理，化學有化學之理，地質學有地質學之理。……（請注意：作者並未說：「飛機有飛機之理」，或「物各有理」）因而，以各種不同的理爲前提可以構成一套一套底「推理」。但是，如果我們將作爲這一套一套底推論之前提的各種「理」一一抽掉，所剩下來的就是純形式的推衍所據之以行的一個系統，這個系統，是一語法系統。這一語法系統底運作或演算，就是推論。這樣看來，推論不從任何一種特定的「理」出發。推論是從零類底一組語句出發的。既然如此，在推論之中，根本無任何一種特定的「理」可言。自一種意義言之，邏輯是有「則」而無「理」的。當然，如果我們還承認有一「潛存的理之世界」，那麼我們不難思議邏輯底這一套純抽象的推論構造之背後也有一「理」的基礎。不過，這裡所謂「理」底意義與前述「特定的理」之意義就不同了。作者對於這種「理之世界」是否存在之問題，暫不表示意見。無論怎樣，這是一個哲學問題，與邏輯毫不相干。我們現在所應當表示的是，這一套純抽象的推論構造大有其用。其用在制定或規劃出空位子，以便容納一套一套的推理。不然，推理便不可能。房屋擁擠的人該可體會出空間是多麼重要。沒有空間，我們不能造屋子，也不能走路。

其次，我們所要解釋的名詞是「有效」（valid），任何一個表述詞，如果在每一個（each and every）解釋之下都眞，那麼我們說這個表述詞有效，或名普眞（allgemeingültig）。假定有這個表述詞：

（甲）（甲等於甲）

如果我們一致地將這個表述詞下的「甲」代以同一之値，或同一的名詞，那麼即使我們列舉億萬之例，這個表述詞總是眞的，這樣的表述詞便是有效的表述詞。邏輯的推論無一不是有效的推論。吾人只有行有效的推論，才永眞而無一失誤。

我們在前面說邏輯是一種科學。這話還不夠清楚，因而容易引起誤解。所謂科學，依其性質來分劃，可以分做演繹科學和經驗科學。這種區別是非常重要的。我們說科學底目標在求出眞理。僅僅就求出眞理這一目標而言，演繹科學和經驗科學是一致的，但是就求出眞理所依據的出發點和所用的方法而言，二者大不相同。因爲二者在這些方面大不相同，於是演繹科學的眞與經驗科學的眞，在性質上，大不相同。演繹科學底出發點是一組約定，至少從語法方面（syntactical aspect）觀察是如此。演繹的眞理，不在別處，就在我們建立它們時所公定的設準或規律之上。因此，經驗事實既不能建立它，又不能推翻它。至於這樣的眞理是否先驗的（a priori），不在此處的討論之列。檢證演繹的眞理之方法，完完全全不訴諸經驗，而是訴諸一套一套底「決定程序」（Entscheidungsprozess）。經驗科學則從假設出發，或從公認的原理出發，或從已經建立了的定律出發。證實經驗科學底眞理，主要地必須訴諸經驗事實，因而必須訴諸觀察或實驗。於是，觀察或實驗，在通常情形之下，可以建立經驗的眞理，也可以推翻經驗的眞理。演繹的眞理簡直可以閉著眼睛來建立。經驗的眞理則需睜著眼睛來尋求。

依據上面的解析可知演繹的眞理與經驗的眞理，雖同名爲「眞理」，但在其爲眞理之性質上，確乎大不相同，爲了避免混亂起見，我們在以後將「演繹的眞假」簡稱爲對錯，將「經驗的眞假」簡稱爲眞假。這樣對於二者分別予以簡稱是很方便的。因爲，在一般人日常言談之間所謂的眞假多屬經驗的眞假，而很少是演繹的眞假。如果我們這樣簡稱二種眞理，那麼我們就可以說邏輯只管對錯，不問眞假。經驗科學則只管眞假，又須爲對。由此，我們就可以進一層地識別邏輯底性質。

我們一般人常常以爲由眞的前提一定得到眞的結論，而且眞的結論可以由眞的前提得到，又以爲由假的前提得不到眞的結論。這是一種由常識或經驗所形成的誤解。如果我們把眞假與對錯截然劃分，那麼這種錯誤印象立時可以消散。從前面的一番解析，我們可知道眞假與對錯是各不相干的兩系。這兩系之互不相干，猶如二線之平行永不相交。依此，我們可知眞假與對錯有四種可能配列：

第一：前提眞，推論對，結果既真且對。

第二：前提真，推論錯，結論之真假不知，但一定錯。

第三：前提假，推論對，結論之真假不知，但一定對。

第四：前提假，推論錯，結論之真假不知，但一定錯。

這個表非常值得注意：如果懂得這個表，那麼就可能懂得邏輯是什麼一回事。如果不懂得這個表，那麼便不懂得邏輯是怎麼回事。

從上面這個表，我們可以看出：㈠有而且只有在前提眞而且推論對，結論才必眞；㈡第一條和第二條合起來表示：僅僅前提之眞，不是結論之眞底保證。這也就是說，前提眞時，結論不必然眞。因爲，前提眞時而且推論對，結論固然眞（第一條）；但是如果前提眞而推論錯，則結論之眞假不定（第二條）。在這一條件之下，即使我們所得到的結論是眞的，也是碰上的：即使我們所得到的結論是假，也是碰上的。總而言之，在此情形之下，結論底眞假都毫無把握。因爲，前提與結論底可靠關聯是推論關係。推論既錯，這表示前提與結論之間的推論關係不存在。於是前提與結論失去必然聯繫。我們就無法從前提之眞而決定結論是否爲眞。因爲，眞是一經驗概念。一個語句之眞只限於一個語句自己之眞，如無邏輯關係存乎其間，我們不知一個或一個以上的語句爲眞時，別的語句是否也眞。在嚴格推論關係不存在時，我們由前提到結論，通常是靠經驗、聯想、直觀、猜測，甚至於如願的想法。靠這些辦法，有時固然從眞的前提得到眞的結論，但有時得不到。既然如此，就是沒有「準」（北平俗語）但邏輯可以給我們一個「準」；㈢第三條和第四條合起來表示：前提假時，結論不一定假，而是可眞可假的。這一條與常識又不相同。在常識之中，我們總以爲前提假結論必假。這是一錯誤的印象。這一錯誤的印象，是經驗造成的；㈣根據第一條和第三條，我們可以斷定：前提無論或眞或假，結論無論或眞或假，只要推論對時，結論一定對。可見有而且只有推論對才是結論對底保證；㈤根據第二條和第四條，我們可以斷定：前提無論或眞或假，結論無論或眞或假，如果推論錯，結論一定錯；㈥總而言之，推論對時，結論一定對；推論錯時，結論一定錯。

爲大家易於了解這一段所表示的意謂起見，我們不妨稍稍舉例說明一下。設有如下的三段式：

一切楊梅是酸的水果
沒有香瓜是楊梅
所以沒有香瓜是酸的水果

我們一眼看去，在這三段式中，每一前提都是一個眞語句，結論也是一個眞語句。依據經驗來判斷，這個三段式是一個有效的推論了。從常識看來，反正結論是眞的，不用懷疑，推論一定是對的，講「唯物辯證邏輯」的「邏輯家」，也許正好抓住這個機會，向「大眾」宣布，「形式邏輯」只顧「形式」不問「內容」是多麼腐朽的無用。

然而，這個三段式的確是有效的推論嗎？依邏輯的眼光來看，這簡直是胡鬧！推論能而且只能以純形式的推論規律爲依據。如果邏輯能兼辦「內容」之事，那麼弄邏輯的人可眞會大走紅運。因爲，每一種經驗科學都是一種「內容」。如爲邏輯所管，那麼世界上的學問差不多都可以化約而成邏輯了，也許有人駁道：「我們所說的內容，倒也不是一個一個特殊的經驗內容，而是普遍的世界法則，例如，歷史社會之一般法則。」這樣的「法則」是否建立得起來，非作者之知識所能斷定。作者所能斷定的是，這樣的「法則」即使建立得起來，是形上學所管的，或歷史哲學所管的，非邏輯所管的。如果邏輯管了，那麼邏輯與形上學或歷史哲學何別？

凡不以推論爲依據而行「推論」（其實根本不能叫推論），所得到的結論，即使是眞的，也不過是「瞎貓子碰著死老鼠」，偶然碰著的罷了。如果我們本著前列三段式底形式作根據，以推論其他事物，很可能得出假的結論。我們現在對於這個三段式底形式一點也不改變，只將其中的一個名詞「香瓜」代換成「橘子」這個名詞，即「內容」換了，看看結果怎樣：

一切楊梅是酸的
沒有橘子是楊梅
所以沒有橘子是酸的

在這個三段式中，兩個前提是眞的，但結論顯然是假的。這個三段式底形式與前個三段式底形式完全一樣，爲什麼同一形式而所得出的結論卻一眞而一假呢？攻擊「形式邏輯」的「辯證邏輯家」曾說，在前一三段式中，內容是眞實的，所以結論眞。但在這個三段式中，兩個前提底「內容」也是「眞實」的，何以結論並不「眞實呢？」「辯證邏輯家」又有說乎？

就作者之所知，那些所謂「辯證邏輯家」對於正統邏輯是一竅不通的。他們那些自宣傳得來的攪混之詞，只有欺騙對於正統邏輯一無所知的人。如果碰上稍有邏輯訓練的人，那一套攪混之詞便毫無用場了。上面的問題，根本就是一個形式問題：上面的兩個三段式觸犯了同一條形式規律，所以在不同的代換中，得到的結論一眞一假。這兩個三段式所觸犯的一條形式規律是說：凡在前提中未普及（distributed）的名詞在結論中亦不得變爲普及的。但是，上述兩個三段式卻同樣地將在前提中未普及的名詞在結論中偷偷地普及了，所以，得出錯而且一眞一假的結論。茲以甲、乙、丙各別地代替「楊梅」、「酸的東西」、「香瓜」或「橘子」等等名詞，那麼上述兩個三段式所共同具有的一個普遍形式立刻顯露出來：

A 一切甲是乙
E 沒有丙是甲
E 所以沒有丙是乙

這個形式中的名詞「乙」，在前提中是沒有普及的，而在結論中變成普及的。我們檢查形式，毛病立刻現出。誰說形式不重要呢？由此可見，僅僅是前提眞，結論不必眞。其他的情形，我們可以觸類旁通，不必一一舉例說明了。

我們剛才所作的工作，才是邏輯的工作。我們從事邏輯的工作，必須遠離形上學，甚至於知識論的攪混，至於學術以外的攪混，更應該一蹴而棄之。

# 四

我們在上面是從純理論方面來指出邏輯底性質。我們現在再從事實上指陳邏輯是什麼。從這一個方面來指陳邏輯是什麼，還有一個好處，即是，對於願意接近邏輯的人可以找到一條道路。

從事實上指陳邏輯是什麼，最重要辦法莫如例舉書刊。因爲，那些書刊會明指地（ostensively）告訴我們，邏輯有些什麼項目。現在，關於邏輯的著作這樣多，究竟那些是正派可讀的呢？我們現在開列一張最低限度的單子：

假若我們對於邏輯還沒有初步的知識和訓練，那麼最好是一讀A. Wolf: *Textbook of Logic*（George Allen & Unwin Ltd., London）。烏爾夫教邏輯多年，此書係教書經驗之結果。書中固然沒有特別的創造，但絕無荒謬可笑的說法。凡初學應習的題材，大都收羅在內。而文理之條暢淺明，舉例之豐，非一般教科書可比。

假若我們熟讀了這本書感到不滿足，而希望進一步讀點邏輯著作，那麼有兩本書擺在我們面前選擇：

甲、如果我們底興趣是在對於現代邏輯得到一般的知識和訓練，那麼適當的書是Alice Ambrose and Morris Lazerowitz合著*Fundamentals of Symbolic Logic*（Rinehart & Co. Inc., New York, 1950）。這本書說理明白，編排均勻，將古典邏輯兼消於類論（Theory of Classes）之中，恰到好處；故自出版以來，學人交相贊譽；可是對於類型論（Theory of Types）說得太少。這是美中不足之處。

乙、如果我們底興趣偏重數理，那麼最好是讀Tarski: *Introduction to Logic*（1946, Oxford University Press, New York）。塔斯奇乃當代第一流邏輯家，貢獻頗多，所著有關Wahrheitsbegriff的論文，對於哲學解析影響頗大。這本邏輯引論是爲習數學而有邏輯興趣者寫的。第二部分在事實上是講系統學，須細讀方可通。

假若我們熟讀了上列二書之一或之二，對於邏輯還想向前面走，那麼可讀的書又有下列二種：

甲、Quine: *Methods of Logic*（Henry Holt & Co. New York, 1950）瑰英教授爲美國第一流邏輯家，主要貢獻爲《量化論》（*Theory of Quantification*）這本書寫得很見精審。

乙、Hilbert and Ackermann: *Grundzüge der theoretischen Logik*（New York, Dover Publication, 1946），此書有英譯本。希伯特乃德國克萊因（Klein）以後之數學權威。此書被譽爲標準邏輯教本。凡現代邏輯中的重要問題，如類型論，決定問題（Entscheidungsproblem），無不包含。此書寫得非常緊湊，宜精讀。現代邏輯專題者常常引之。

假若我們熟讀了上述二書之一或之二，而還對於邏輯有興趣，那麼最佳的可讀著作是Quine: *Mathematical Logic*（1951, Harvard University Press）。這本書是邏輯界公認的一部精心傑構，乃繼作者*A System of Logistic*一書之後而寫者，如果讀熟並習完這部書，那麼對於現代邏輯的知識和訓練，可說大體具備了。再往上面走，不難左右逢源。

如果我們已經熟讀並且習過上列諸書，當然就可以參看N. Whitehead & B. Russell合作的巨構*Principia Mathematica*。

關於邏輯刊物方面，有A. Church教授等人編輯的*Journal of Symbolic Logic*。這個刊物底編輯人才，多爲從事邏輯研究的專家。這個刊物上所發表的專文，乃世界第一第二流底著作。其中的書評，也多出自專家手筆。不過，這些作品，必須有專門的知識和訓練，才可讀懂。其餘有關邏輯的文章，就英文的而言，常散見於*Journal of Philosophy*，*Philosophy of Science*，*Analysis*，以及英美底幾種哲學刊物。

現代邏輯和邏輯語法有不可分的關聯。因而，我們研究邏輯，如果到達相當的程度，必須從事邏輯語法的研究。這樣，就不可不讀Carnap教授底*The Logical Syntax of Language*（1937, London, Kegan Paul）。研究邏輯而到了不可不涉及語意時，就必須扣擊語意學之門。如欲扣擊語意學之門，那麼開納普教授兩種重要著作是不可不讀的。一是*Introduction to Semantics*（1948, Harvard University Press）及*Meaning And Necessity*（1947, University of Chicago Press），和塔斯奇以及其他學者底若干篇重要論文。

如果我們想對於邏輯再深造，那麼至少組論（set theory）是必須觸及的。如果我們再對於嚴格的「邏輯哲學」發生興趣，那麼非讀不可的著作是N. Goodman教授底新作*The Structure of Appearance*（1951, Harvard University Press）。這部書寫得很硬，相當專門，新見層出，頗不易讀。

假若我們習讀了上列的書刊，那麼我們就可以實際地知道邏輯宮殿裡有些什麼陳設了。

# 五

有人看了作者在上面所陳示的辯論，以及在上一段所列舉的書刊，也許會說：「你所說的道理固然不錯，你所列舉的書固然都好，可是畢竟不過是一派的。你是數理邏輯派的。」

有些人動輒輕易言「派」，乍聽起來似乎各有道理，其實是在學問上不知分寸的表示。吾人須知，學問中而有「派」分，並非一可嘉喜的現象。這種現象之發生，或係一時由於問題的性質不明，或係由於知識不夠，或係由於工具不備，或係對於同一題材之著重點不同，或有時簡直由於語意不明所致。例如，關於光底解釋，在物理學上曾有微粒說（Particle theory）和波動說（Wave theory）之爭。這個爭論，一部分係由當時物理學的知識不及現今充分所生。人類之從事知識活動，目的無非追求客觀眞理。但一時因上述幾種原因而各人所見不同，於是紛歧產生。這種紛歧現象，就知識思想之得以自由發展而言，固當然非可喜。但此乃求知之過程，並非求知之目的。求知之目的不在求紛歧，而在求一致公認之眞理。就此目的言，吾人應憑理性方法將因上述缺憾所產生的紛歧消弭。豈有存心標「派」立異之理？

從一部學術史看，愈是進步的科學愈是爭點少，因而派別的紛歧少。數學底派別遠比生物學少，生物學底派別又遠比社會學少。哲學是個最難辦的東西，所以哲學底派別紛歧也就最多。我們簡直可以說，哲學者，集派別紛歧大成之學也。雖然如此，很少忠於自己底思想而且確有所見的哲學者安於這種現象，說：「你是那一『派』，我就是這一『派』，我們都不分高下，各搞各的吧！」這是搞黨的辦法，弄學問沒有這種辦法的。忠於自己底思想而且確有所見的哲學者，他總要想辦法打通這種種紛歧，設法逼近在哲學上大家無法不承認的眞理。就最近三十餘年的趨勢而言，許多精思的人察覺哲學上的語言工具非常混歧。這一混歧，如維根什坦（L. Wittgenstein）所指出的，乃哲學問題的混歧之一重要根源。於是，許多人就做「哲學與語言」底工作，希望把哲學語言弄清晰。通過把哲學語言弄清晰這種技術工作，再把哲學傳統中那些似是而非的問題刷清，把站不住腳的說法去掉，看看那些問題才是眞問題，那些說法才牢不可破，那些論旨必須換上新的表達方式。這樣一步一步，哲學也許可望躋於嚴格知識之林。凡此等等工作，也是在通過理性方法去異而求同。並沒有眞正的哲學思想者動輒以「派別不同」相標尙。哲學是如此，邏輯尤其是如此。

在其發展途程底最前一門學問發展底最前端，往往是最成問題的一部分，或不易有定論的部分，於是精於斯門的專家，提出不同的假設來解答，或用不同的方法來解決。解答之假設不同，解決之方法不同，結果自然也就隨之而不同。於是，派別生矣！由此，我們可以看出兩點：第一，派別是學問研究過程中的自然產物。沒有合格的學者動輒自居何「派」的。沒有稍知學問分寸的人會開口閉口談「派」的。第二，在一門學問中，已經到達夠得上話「派」的人，一定是其成就已經在該門學問底頂峰的人，至少，他對於該門學問既有的成果大都已經專長，如果一個人連一次方程式都不會解，他口口聲聲談他屬於數學中的哥廷根派，我們一定說他非愚即妄。可是，我們卻看見許多連語句演算（**sentential calculus**）都不會的人，卻大著其邏輯書。當然，這樣的人是需要談「派」的。因爲，一說「派別不同」，對於自己不懂不會的東西，就可以不必自己負責了。如果我們看見有連《資治通鑑》都沒有讀過的人在教中國通史，一定感到惶惑莫名。然而，許多談邏輯的人不用說連*Principia Mathematica*摸都沒摸過，而且實在連一本較新的教本都沒有碰過。在這樣的現狀之下，我們怎麼好意思談「派」啊！

也許有人說：「難道邏輯就沒有派？」作者對於這個問題的解答是：如果你一定喜歡把「派」字硬加於任何學問之上，那麼邏輯也未嘗沒有派，不過，這種派是邏輯內部之派，而不是將雖名爲「邏輯」，但卻把在邏輯以外的東西也視作邏輯一學之各派（如前所述）。近九十餘年來，特別近四十餘年來，邏輯之學在急遽發展之中。在急遽發展之中的學問，自然免不了紛歧。免不了紛歧，就免不了有派。作者識見極其有限，但是，作者從來沒有看見過西方一本純正的邏輯著作或論文中說，「辯證邏輯是邏輯底一派」，「數理邏輯是邏輯底另一派」。更沒有稍有邏輯常識的人說「古典亞式邏輯」與「現代邏輯」是不同的「派」。如果我們一定要說邏輯中有「派」，那麼我們可說有羅素所代表的邏輯斯諦克派（Logistic School），有希伯特所代表的形式派，以及布洛威（L. E. Jan Brouwer）所代表的直觀派。在此，我們所必須明白的是：一，這些「派」，都是在同一題材範圍以內發生的，而且主要地是對於數學基礎而發的。二，這些大師從來沒有自標這些派別，我們說邏輯有這三大派別，以及這三位大師各代表一派，嚴格地說，這是爲了敘述的方便，而並不是爲了樹立森嚴的壁壘（其詳請參看M. Black: *The Nature of Mathematics*）。凡屬眞正追求眞理的人，絕不希望製造一個派別的壁壘把自己底知識活動禁錮在裡面的。

自亞里士多德以來，至少西方底學術有著分殊（differentiation）的趨勢。有些人爲這一趨勢而痛心疾首。這自有其一方面底理由。但是，無論如何，這一分殊現象不能不視作人類知識進步之現象。在早期的階段，由於工具不備，或解析力不夠，學人常把許多不同種類底知識成素混夾在一起。例如，從前的邏輯書在一開始的時候便講「判斷」。這就是沒有把邏輯與心理學或知識論的成分分開所致。後來，學人知道邏輯成素與心理成素或知識成素不同，於是不談「判斷」，而談「命辭」。近三十年來，英美底邏輯教本，就很少用「判斷」字樣。到了最近，學人底解析力又有精通，知道「命辭」是意義方面的東西。這種東西在演算中不相干。在演算中相干的，只是符號組合。於是，邏輯家漸漸採用「語句」一詞。這樣一來，邏輯成素，像沙裡淘金一般，愈洗滌愈乾淨，愈純粹。時至今日，「邏輯」一名所指的，是而且只是亞里士多德以來經過中世紀學者詮釋及十九至二十世紀許多數學家和邏輯家所革新並擴大了的那一堆題材。如果我們不願習慣於攪混，那麼一涉及邏輯，所涉及的就應須是那一堆題材，那一堆題材，叫做數理邏輯也可，叫做符號邏輯也可，只有一點是我們所須注意的，就是，如果不是數理的或符號的，便不是我們所謂的「邏輯」。

當然，如果一個人高興，可以將自己所想的一套什麼叫做「邏輯」，我們也可把「宇宙發展底必然之理」叫做「邏輯」，也可以繼續把黑格爾底玄學叫做「邏輯」，這是一種自由。但是，自由與否和糊混與否是兩回事，在我們這樣自由命名的時候，如不願自陷於糊混，那麼就得明白我們把這些東西叫做「邏輯」時，所指之內容，與亞氏以來經過洗鍊和擴大的那一堆以「邏輯」名之的題材截然不同。至少要做到這一點，我們才有超群絕俗自由命名之自由。

# 六

關於邏輯是什麼這個問題，作者已經從幾個方面來陳示了。有許多人也許會從前面的陳示裡得到一個印象：邏輯是一種很抽象的，只有純格架的科學。這樣的科學有什麼用呢？

我們要解答這個問題，首先得弄清楚所謂「用」究何所指。如果所謂「用」是指「實際的用處」，那麼我們會很失望，邏輯毫無實際用處。如果所謂「用」是「直接的用處」，邏輯也毫無用處。邏輯底「用」是什麼呢？一切科學雖然不止於是語言，但卻離不開語言。語言有語法，語法問題弄清楚了，科學問題就解決了一面。制定普遍的語法結構及其推論程序，是邏輯底任務。哲學也離不開語言。如有超語言的「哲學」，至少不能叫做「學」。緊貼著哲學語言而供給哲學以解析技術，也是邏輯底任務。眞的哲學因此建立了，科學因此進步了，這樣看來，邏輯自身雖毫無實際的用處，但它能使別的東西發生實際的用處。邏輯自身毫無直接的用處，但它能使別的東西發生直接的用處。

談到這裡，作者認爲費琦教授（Prof. Fitch）底話說得很中肯要：「二十世紀五十餘年來，邏輯特別發達。人類首次得到一種有力的工具。這種有力的工具足以幫助我們推論種種關係以及一切種類底性質。符號邏輯已經應用到生物學、神經生理學、工程、心理學和哲學。將來有一天符號邏輯家能夠像物理學家之久已能夠研究『毫無顏色的』物理學觀念一樣，清楚而有效地思考社會、道德和美學概念。邏輯這一新學科之充分的功用尚未被大家所感覺到。這一部分是由於邏輯之理論的發展尚未完成，一部分是由於許多能夠很便利地運用符號邏輯的人還不知道有符號邏輯存在。當著符號邏輯底功用被大家感覺到時，則一個比較豐富的，比較合於人類需要的，和比較理性的哲學，可以漸漸建立起來。現在，如果我們對於數學沒有堅實的基礎，那麼我們便不能攻習物理學。同樣的，將來總有一天，我們如果沒有符號邏輯的澈底訓練，我們便不能研究倫理學與政治學。」對於思想有節律的人而言，這段話再眞實沒有了。固然，正如懷德海指出的，我們不能全靠符號之助來思想，但是，我們必須先將思維運算規範於邏輯運算之中，然後再談其他。符號邏輯中的推論方式是人類積長期努力而得到的運算方式。這種方式，雖非完全夠用的方式，但爲比較可靠的方式，如果我們捨此方式而不顧，思想如天馬行空，如楊花亂舞，固可得詩情畫意，但思想底效準又在何處安頓呢？

——原載《民主評論》，卷四期十、期十一（香港：一九五三年五月十六日、六月一日）

# 邏輯和邏輯學究竟是什麼

最近幾年來，我國論壇上常常涉及邏輯的或邏輯學的問題，有些人攻擊所謂「形式邏輯」，有些人反對這種攻擊；有些人認為辯證法才是邏輯或邏輯學，說它可取「形式邏輯」而代之，有些人不贊同這種主張，於是便形成了一種論戰。這種論戰之激烈，正好似十多年前我國學術界對於科學與人生觀這類問題的論戰之激烈一樣。他們底言論已經各有專冊發表，當然用不著在這裡贅述，同時，關於他們底言論之誰是誰非的問題，暫且不在這裡討論。不過，由攻擊邏輯或邏輯學的人將它當作是「形式的」學問等等事實看來，足見他們對於邏輯或邏輯學之所以為邏輯或邏輯學實在誤解得太遠了，在這裡我們必須申明：我們雖然是學習邏輯學的人，但是我們卻不曾以為邏輯學是天經地義，而抹殺事實地說邏輯學底本身是毫無瑕疵的。誠然，邏輯學底本身還有不少的缺點。就「亞里士多德的舊傳邏輯學」（Aristotelian traditional logic）或「古典邏輯學」（classical logic）來說吧！它底毛病眞是多得幾乎不勝指摘，最顯著的地方就是與心理學、哲學、文法或修辭學相混：關於思維、判斷等作用的研究，很顯然是應該屬於心理學範圍之內的問題，關於唯名唯實以及其他種種知識論上的問題當然應該視作是哲學上的問題。關於綺詞麗語，分謂合謂、重音輕讀、一語多義、語義含糊等等則是屬於文法或修辭學底範圍以內的題材。其他如浮泛的格式（figures）與模式（moods）之繁複的研究等等都是可加非議之處。不僅「古典邏輯學」是這樣，就是最進步的「現代邏輯學」（modern logic）又何嘗沒有可被指摘的地方？例如，通常解釋（ordinary interpretation）與最少解釋（minimum interpretation）之易於引起在邏輯範圍以外的問題，空類（null class）所引起的全謂和偏謂之不相融貫等等弊病都是。然而，反對者卻沒有指出邏輯學本身像這樣的種種學理上的缺點。他們所指摘的，與邏輯學在學理上根本不相干（關於這一點的理由，請參看以後）。本來，任何一門學問難免被攻擊。攻擊並非全然無益的舉動。假若對於某一門學問攻擊得恰當，擊中其要害，那末便可以使它或者因爲基礎不固而顛覆，或者有被攻擊的缺點而加以改進，否則，如果所施的攻擊與某門學問根本在學理上不相干，那末這樣的攻擊是不必有的。例如，假若有人攻擊理論物理學，說它所研究的放射等等現象既不可直接觀察，又與人生底實用的目的沒有關係，所以理論物理學不能成立。試問：這樣的攻擊對於理論物理學有什麼利益呢？又有什麼損害呢？可是，在另一方面，反對將辯證法認做是邏輯或邏輯學的人們對於邏輯或邏輯學底種種似乎又多講得不中肯：要多側重枝節問題，而沒有通盤講到邏輯與邏輯學究竟是什麼的這種根本問題。所以，說來說去，結果總弄得不十分明白。因此，我們覺得有闡明邏輯和邏輯學究竟是什麼底必要。不過，我們寫這篇文章底對象不完全是反對者，我們尤其希望一般人了解邏輯和邏輯學底眞義，所以後面的立論是十分普遍的。

現在一般攻擊邏輯學或擁護邏輯學的人們都沒有將「古典邏輯學」與「現代邏輯學」加以區別地做對象，因此我們現在可以根據「現代邏輯學」底立場來闡明邏輯底眞義和邏輯學底眞義。爲什麼一定要從「現代邏輯學」底立場來闡明呢？這有一個很重要的理由：我們通常所謂的邏輯學，一般地說來可以分做古典的與現代的，稍習「現代邏輯學」的人當會知道「古典邏輯學」不過是「現代邏輯學」底一個特例而已。「古典邏輯學」裡面的一切可能的部分——即，除了謬誤的部分以外的部分——能夠無遺地從「現代邏輯學」裡面推衍出來。換句話說，「現代邏輯學」是包含著「古典邏輯學」底一切有效的（valid）部分，「古典邏輯學」只是所謂類底邏輯學（logic of classes）或論式底邏輯學（logic of arguments）。類底邏輯學是可以包含在「現代邏輯學」之類底演算（calculus of classes）裡面；論式底邏輯學則是可以包含在「現代邏輯學」之命辭底演算

（calculus of propositions）裡面，這樣看來，可見「現代邏輯學」比較「古典邏輯學」底領域廣闊得多，內容又完備得多，它不僅僅含有「古典邏輯學」底可能部分，而且含有「古典邏輯學」所未曾涉及的部分。因此，我們當然應該從「現代邏輯學」底立場來闡明邏輯和邏輯學底意義。然而，我們爲什麼不將本文底題目標示爲「現代邏輯學」呢？這是因爲我們認爲所謂「古典邏輯學」與「現代邏輯學」並不是互相對待的兩種不相同的學問，「現代邏輯學」無疑是從「古典邏輯學」裡孕育出來的，它們是一脈相傳的。「現代邏輯學」雖然比較「古典邏輯學」廣闊些、精密些、完備些，這是人間學問進步的常有的現象，我們不能因此就將它們視作不相同的學問；除了作歷史的敘述或有其他特別原因以外，我們不應該對待地稱謂它們。「現代邏輯學」既是能夠無遺地包含「古典邏輯學」底可能部分，那末我們便應當毫不猶豫地將「古典邏輯學」廢棄。「古典邏輯學」這門學問（被一般人所稱謂的）底本身既然被廢棄，「古典邏輯學」這個名稱除了在歷史上以外自屬無用。這樣一來，在邏輯學這個名目之下所剩下的題材只有被稱爲「現代邏輯學」這一部分了。在邏輯學這個名目之下既然只有這一部分，那末當然用不著示別於「古典」的「現代」這個狀詞了，因此，除了爲要特別使人注意或其他不屬於學理的原因以外，不應當引用「現代邏輯學」這個名稱，而只無條件地稱邏輯學爲邏輯學。至於所謂「數理邏輯學」（mathematical logic）、「邏輯斯諦克」（logistic）、「符號邏輯學」（symbolic logic）、「算法邏輯學」（algorithmic logic）、「精密邏輯學」（exact logic）等名稱，則更各有不妥之處或歧義。除了有特殊的必要以外，我們並不隨意採用。

我們現在要探討邏輯學究竟是什麼這個問題了。邏輯學究竟是什麼呢？我們要知道邏輯學究竟是什麼，首先必須知道眞正的邏輯學不是什麼。現在被一般人認爲是邏輯學而其實不能說是邏輯學的說法很多。我們現在要將其中幾種比較流傳得普遍些的舉發出來；並且說明它們爲什麼不能說是邏輯學。

## 一、邏輯學不是研究思維的學問

以爲邏輯學是研究思維的學問，是通常學習邏輯學的人——無論中外——所最常採取的解釋。從嚴格的邏輯學底立場看來，這種說法完全不能成立。依據嚴格的邏輯學底基本學理，我們可以指出：

「沒有邏輯學是研究思維的學問」。

我們現在要解析地陳說邏輯學之所以不是研究思維的學問底理由。

所謂「邏輯學是研究思維的學問」這句話照通常的說法有好幾種意義，最常見的一種論調是說邏輯學乃研究思維底性質以及思維底歷程的一種學問，我們大都知道，研究思維底性質以及思維底歷程，這是心理學底職責，所以，以爲邏輯學乃是研究思維底性質以及思維底歷程的見解之錯誤，在今日甚屬顯然易明，用不著詳細說明。

第二種意義是：邏輯學爲研究思維的型式的一種學問，這種見解極有陷入主觀論底危險之可能，因爲它將思維與型式同等列論，執著這種見解的學者，似乎不知道型式之所以爲型式，是絕對的、抽離的、普遍的，與思維相獨立的，思維不過是一種心理作用，更妥當些說，不過是一種潛伏的行爲；它底本身並沒有什麼型式可言，型式固然可以被思維認識，但是我們不能因此就說是「思維的型式」。這正猶之乎物理學底法則可以被我們底思維認識，而我們不能因此就說是思維的物理學底法則一樣。我們因爲思維能夠認識型式而就說是思維的型式之不妥，與我們因爲思維能夠認識物理學底法則而就說是思維的物理學底法則之不妥相同。

又有人以爲邏輯學是研究正確思維的法則的學問，這是很講不通的說法。我們要知道，邏輯學裡的種種學理，固然有的可以用來當作正確思維的法則，但是邏輯學卻沒有——一點也沒有——研究究竟要怎樣才能使我們底思維正確，這正好像幾何學裡的許多學理可以使我們底思維清晰，但是幾何學卻不是研究要怎樣才能使我們底思維清晰的科學一樣。從研究的目的這一方面說來，邏輯學內面的種種學理有的可以當作正確思維所依據的法則，實在是一件極其偶然的事。何況使思維正確的條件不只是邏輯學裡的種種學理中的許多呢？

就假定邏輯學是研究正確思維的法則的學問，這個假設可以引起以下兩個問題：所謂正確思維的法則。是自思維之內（即，思維底本身）去求呢？還是自思維之外去求呢？如果自思維之內去求的話，那末便一定求不著使思維得以正確的法則。因爲僅僅靠著思維底本身，思維底本身沒有方法決定它本身是否正確。這好似人之不能自見其面一樣。在事實上，如果我們要確定我們底思維是否正確，至少必須關聯於一種對象。根據這般邏輯學家底說法看來，他們以爲邏輯學是無條件地從思維底本身去決定思維是否正確。這種企圖顯然是不可能的。如果是自思維之外去求的話，那末所求得的東西在理論上自然不能夠說是思維的法則；而必定是異於思維的法則的東西。這樣看來，假若我們不以一種對象來決定思維是否正確，便不可能；若以一種對象來決定思維是否正確，則此對象又不是思維的法則。所以，世界上根本不能有研究正確思維的法則這門學問。其次，從事實上我們可以看到他們所謂正確思維的法則究極解析起來實在只是種種可能的型構，並不是什麼思維的法則。這種種型構固然可以用來決定我們底思維在型式方面是否正確；然而它們卻是自圓的、絕對的、抽離的與思維相獨立的。所以，從事實上看，邏輯學也不是研究正確思維的法則的學問。

或者有人說，因爲邏輯學與思維底關係極其密切，所以我們也可以將邏輯學界定（define）爲研究思維的學問。這種說法未免太危險了。我們十分承認邏輯學與思維底關係是極其密切。但是，與思維底關係極其密切的學問不只邏輯學而已。例如，幾何學以及純粹數學底其他部門與思維底關係之密切程度，分毫不亞於邏輯學與思維底關係之密切程度。然而，我們爲什麼不能將幾何學或純粹數學底其他門部界定爲研究思維的學問呢？世界上究竟有那一門學問與思維沒有極其密切的關係呢？是的，這種心理主義者底見地，革命的邏輯學家們已棄之如遺了！

## 二、邏輯學不是試驗的學問

有些學者以爲邏輯學是試驗的學問。因此，他們將他們所主張的這種學問叫做「試驗邏輯學」（experimental logic）。「試驗邏輯學」是實效主義底產物，爲杜威教授等人所倡導的。它底大意是說：假若我們要決定思想或結論底眞或妄，不能僅憑形式（他們所說的不是型式），還要過細實地考察所思維的實質，看看究竟要用那一種思維才能達到正確的目的。不僅如是，我們還要藉著試驗方法以發現新材料、新問題，或者是新知識。總之，「試驗邏輯學」家們以爲邏輯學必須是具體的、特殊的，與經驗相應的。

如果以上所說的是「試驗邏輯學」底大旨，那末，假若我們稍微解析一下，立刻發現他們底思想有這幾點錯誤：㈠他們將「型式」當作「形式」，這一點錯誤與許多其他批評邏輯學的人所犯的錯誤一樣；㈡他們將邏輯學看作科學方法；㈢他們沒有將經驗科學與邏輯學這一類的超驗科學加以區別；㈣他們不自覺地將「認識」與「邏輯」混爲一談，這種錯誤不僅是反對邏輯學的人常常觸犯，就是擁護邏輯學的人也是一樣。關於邏輯學是否是科學方法的問題，我們將在以後討論，現在只研究其餘的三點。

「試驗邏輯學」家們也正同其他反對邏輯學的人們一樣，似乎全然不了解或不知道「型式」與「形式」兩者底根本不同。我們必須知道：「形式」只是「樣式」，只有泛浮的性質（superficial nature），因爲它是藉著文字或記號底偶然配列而形成的。而型式則不然，型式之如何，與文字或記號底本身之如何沒有關係，因爲它並不是產生於文字或記號之如何配列。型式有其固有的結構，它不受文字或記號底偶然配列之影響，它不隨形式之變而變。因其如此，所以一種型式能夠型定（formulate）含有這種型式的任何命辭。而形式是藉著文字或記號所構成的一種表面的東西，自然沒有這種可能。由這樣看來，形式是特殊的，型式是普遍的；形式是具體的，型式是抽離的；形式是外表的，型式是潛在的。兩者完全相異，不可混爲一談。我們可以在邏輯學史上看到它兩者底相異。「古典邏輯學」有許多部分就是形式的。例如，它將斷定三段式分做許許多多格式（figures）與模式（moods）。這些格式與模式至少有一大部分是形式。因爲這些格式與模式之不同，多由表示它們的文字或記號之配列底不同所形成的；並不是在根本結構上有這麼多差異。如AEE與EAE在「古典邏輯學」家看來是兩個不相同的模式。其實，這兩個模式只在文字底配列上不同而已；除此以外，並沒有什麼型式上的差異。所以，只可算是形式，而不能說是型式。經「現代邏輯學」家解析起來，斷定三段式底根本結構只有兩種，一種是有兩個全謂前提的三段式，一種是有一個全謂前提和一個偏謂前提的三段式。這兩種三段式底根本結構是貫乎含有這兩種結構以任何不同的形式表出的三段式，所以也就是型式。如果我們不了解型式究竟是什麼，那末便永遠不能了解邏輯是什麼；永遠不能了解邏輯是什麼，便也就永遠不能了解邏輯學是什麼了。

科學底種類雖多，然而根據我們所認爲比較適當的標準來分，可以分做經驗科學與超驗科學兩種。前者爲物理學、生物學、化學等等；後者爲純粹數學和邏輯學。這兩種科學底區別在那裡呢？經驗科學以經驗始，以經驗終。它底眞妄不僅要有學理的根據；而且更要有外在世界裡的事實爲根據。這也就是說，經驗科學不僅要可證明，而且更要可證實；即，更要在客觀的世界裡去決定它底眞妄。因此，它必須運用觀察、試驗等方法。超驗科學則不然：超驗科學不理會經驗。因此，只有證明問題；而沒有證實問題。這也就是說，超驗科學有其一套自圓的固有的理論。它底內部某部分之眞妄與否，可以由別部分去證明。如果被證明無誤，便算無誤，不必追究是否與外在世界底實情相合。所以，它底眞假與經驗科學底眞假在意義方面完全不同。它底眞假僅僅是對於自身內部而言的眞假；經驗科學底眞假不僅僅是對於自身內部而言的眞假，而且更是對於外在世界實情而言的眞假。這樣看來，許多人拿經驗科學底眞假標準來權量超驗科學裡的學理之眞假，實在是由於他們沒有認清這兩種科學在性質上根本不同所致。超驗科學裡的學理不必與外界一致，也不必不與外界一致。這也就是說，超驗科學裡的學理是否與外界一致，不是超驗科學所過問的事。因爲稍一過問，就不成爲超驗科學了。嚴格地說，超驗科學裡的學理沒有一條可被證實；只要可被證明無誤，它便能夠成立。超驗科學之眞假既不同乎經驗科學之眞假，超驗科學既用不著觀察，試驗等科學方法來幫助證實，邏輯學是超驗科學底一支，那末當然不能例外。假若我們說邏輯學也須要試驗，那末何以別於經驗科學呢？所謂邏輯學究竟是什麼呢？

「認識」與「邏輯」這兩者無論在事實上我們能不能夠分開，然而至少在學理上必須完全分開。不然的話，「邏輯」便不可能了。例如，通常邏輯學裡有所謂二分法。假若我們稍微攙入一點「認識」的成分在二分法裡面，那末二分法便不能成立了。設有「善人」這個名稱，依照二分法必須分做「善人」和「非善人」這種分法純粹是邏輯的分法，即或我們對於「善人」這個名稱所表示的意義或內容無一所知，我們仍然能夠這樣區分；所以一點也不涉及「認識」問題。可是，假若我們要將「人」這個名稱分做「善人」和「惡人」，這便是攙入了「認識」，不成爲邏輯的區分，那末因爲「惡人」不等於「非善人」，於是在事實上善人和惡人之間有無窮級序。這樣一來，二分法豈不是不成立了麼？又如「同一」也不過是一種邏輯學的虛構或備格，事實上在時空裡的物項並沒有什麼與自身絕對同一而不變。由此可見「認識」必須與「邏輯」分開。否則，邏輯便不可能。邏輯不可能，我們底知識也就絕對沒有清晰地處理的希望了。不幸得很，許多學者沒有明瞭這個道理，將「認識」與「邏輯」混在一起，於是發生「不容中律」之否定問題，「同一律」之不能應付外界實情的問題，「試驗邏輯學」家們雖然沒有這樣的反應，然而由他們說假若要確定結論底眞妄，必須考察實際的現象，不能僅憑「形式」等話看來，足見他們也是將「認識」與「邏輯」弄混淆了。結果，他們對於邏輯學的認識，去邏輯學之所以爲邏輯學不知其幾千萬裡！所以馮友蘭教授說：「實用主義所講試驗邏輯，實是一種試驗的方法，並非邏輯」（《東方雜誌》第三十三卷第一號）。

## 三、邏輯學不是包含科學方法的學問

現在幾乎有一大部分研究邏輯學的人將科學方法當作邏輯學底一部分。不進步的關於邏輯學的書籍或邏輯學的教科書之將科學方法列入固然是習見習聞的事，就是號稱從「現代邏輯學」的觀點寫的邏輯學底教本，也多將科學方法與所謂演繹同等看待。至若芳濟・培根（Francis Bacon）與穆勒（J. S. Mill）等哲人及其信從者之將科學方法當作邏輯學，更是顯明的事實。在一個純粹的邏輯學家看來，這完全是一種錯誤。爲什麼呢？我們必須知道，邏輯學底特性與科學方法根本不相同（請參看以後），因此科學方法不是邏輯學底一部分，更不得叫做邏輯學。即或強名之曰邏輯學，那末這種邏輯學與邏輯學原有的涵義大不相同。既是這樣，又何必強名之曰邏輯學呢？而培根及其信從者攻擊在原有涵義之內的邏輯學不遺餘力。可見他們所爭者不只名義而已，乃是意義上的問題。假若我們稍微解析一下，便會知道，就令所謂「概然邏輯」是如許多邏輯學家所主張的爲邏輯學底一部分，科學方法也不是邏輯學底一部分，當然更不得叫做在原有涵義之內的邏輯學。科學方法只是將邏輯學裡的種種學理複合地用來求了解外在世界的一種程術而已。由此可知科學方法只是邏輯學一部分的應用。既然只是應用，當然不能說是它本身底一部分；更不能說是它的本身了。

說到這裡，我們毫不遲疑地認爲培根、穆勒輩並不是邏輯學家。純粹邏輯學史上不當有他們底地位。因爲他們底貢獻只是科學方法，對於邏輯學沒有什麼貢獻。他們所研究的也只是科學方法，而沒有研究邏輯學。這並不是我們輕視科學方法，如果沒有他們所貢獻的科學方法，怎會有今日這樣輝煌燦爛的科學呢？我們不過是說，科學方法不是如一般人所說的在邏輯學底範圍之內而已。

## 四、邏輯學不是推理的學問

有些研究邏輯學的人，如耶芬斯（S. Jevons）及其信從者，以為邏輯學是推理的學問。這種對於邏輯學的看法是不正確的，因為邏輯學根本不是研究怎樣推理的學問。為什麼呢？這有兩種理由，我們現在要大略地分述在下面：

㈠由近年研究底趨勢，我們可以看出邏輯學底目的是在將種種型構顯示出來。除此以外的事，純粹邏輯學一概不聞不問。而所謂推理（reasoning），解析起來，無非是運用抽離的型構來型定表示外在世界底實際現象的命辭底一種程術。既是這樣，推理當然只是邏輯學底運用而不是邏輯學底本身。邏輯學底唯一目的既然在顯示種種型構，那末怎樣去運用這些型構當然不是邏輯學所過問的事。這也就是說，邏輯學並不過問怎樣推理。邏輯學之不過問怎樣推理，正猶之乎純粹數學只研究它內面的公式在學理上是否能夠成立而不問怎樣運用它來計算實有的物項一樣。邏輯學既不過問怎樣推理，當然也就不是推理的學問。

㈡退幾步說，就假定邏輯學是推理的學問。然而推理必須有所本，或說有所根據。試問這樣的推理以什麼為根據呢？復次，推理既是運用抽離的型構來型定表示外在世界底實際現象的命辭底一種程術，可見推理不能夠無條件地施行，而必須將外在世界裡的實際現象底表現命辭用來解釋型構才可以。就令說邏輯學是推理的學問這種主張是對的，而主張邏輯學是推理的學問的人卻沒有明白規定邏輯學必須以外在世界為對象，這樣一來，我們如何推理呢？假若我們以為邏輯學是推理的學問這種主張是對的，那末便無法適當地解答這幾個問題；可見這種說法是不能成立了。

## 五、邏輯學不是辯論術

我們在這裡所說的辯論術是指著它底廣闊的意義而言。舉凡希臘辯術、中國名學、印度因明，在這裡都叫做辯論術。有些人以為這些物項是邏輯學底一支，或與邏輯學類似的東西。這實在是一大誤。理由有二：

㈠「學」與「術」兩者之不同必須嚴格地區分。「學」是人類純粹求「致知」的一種努力；「術」是人類純粹求「致用」的一種努力。二者在事實上固然是相互為用，相輔而行；但是在體與用底方面卻不可不分開，絕對不可混為一談。否則，必致：求知不得，求用不能。依同理：雖然在辯論的時候常常應用邏輯學，但是僅僅止於應用而已，當然不是邏輯學底本身。何況辯論的時候所應用的邏輯學根本就很有限呢？更何況那古人片斷的論辯所應用的邏輯學，範圍根本就很狹隘呢？

㈡凡屬眞正體驗著邏輯學底性徵的人，當會知道辯論術中往往含有邏輯學裡的某些原理原則；而邏輯學裡卻不含有辯論術。用邏輯學底術語來說，辯論術底正確部分充其量只是普遍的邏輯學底原理之解釋而已。顯然得很，不同的辯論術又往往只顯示同一的邏輯（不是邏輯學）。這也就是說，有些不同的辯論術儘管在表出的形式上彼此相異，而所含有的邏輯則完全同一。由此可知邏輯學不是辯論術。復次，我們知道邏輯學底唯一目的是在將種種型構顯示出來。而辯論術底目的或在辯明事理或在折服對方。兩者各行其是。所以辯論術雖然有時應用邏輯學，也不過是像其他的學術應用邏輯學一樣，它兩者沒有特殊的類似點；因此不得叫做相類似的學問。

## 六、邏輯學不是研究語言文字底用法的學問

一般不進步的邏輯學底教本裡總有許多篇幅要講到文字或語言底謬用，如一語多義、語義含糊、譬喻比

擬、麗詞綺語等等題材。如果是因為表示邏輯時所應用的文字或語言往往易於發生這些謬誤，恐急初學的人也觸犯這些謬誤，所以將這些題材列在教本裡，當無不可，並且對於初學的人有相當的利益。但是，假若將這些題材當作是邏輯學底題材，那末未免錯得太遠了。這是什麼緣故呢？我們將才在前面說過，邏輯學之所事只在顯示型構。既定這樣，那末可見邏輯學之應用文字或語言，不過是表示型構而已。這與數學之應用XYZ……等記號來構成公式以表明數學思想是一樣的事。如果將文字或語言底用法等題材當作是邏輯學底題材，那末邏輯學何以別於文法或修辭學呢？不過，嚴格地說，無論如何，人類所運用的自然文字是深深受風俗、遺習，以及運用者底特殊性癖等等因子底影響，根本不能毫無歧義地表達邏輯或型構。所以，革命的邏輯學家們廢棄自然文字底應用，而製作種種便利的符號以替代之。這樣一來，關於語言文字底用法之研究，更與邏輯學沒有什麼關係了。同時，由此也可以知道邏輯學為什麼不是研究語言文字底用法的學問。

至若其他被一般人們認為是邏輯學而其實不能算是邏輯學的說法還有很多。不過因為有的無關緊要，有的流傳得不很普遍，所以不必在這裡討論。其實，以上所講的是根據邏輯學底根本性徵所推衍出來的必然結論。假若我們能夠明瞭邏輯學底根本性徵，那末便一點也不感覺著驚異。

這也不是邏輯學，那也不是邏輯學，我們現在所說的邏輯學究竟是什麼呢？要知道我們現在所說的邏輯學究竟是什麼，首先必須知道邏輯是什麼。邏輯是什麼呢？我們以為邏輯是十分平常的東西，是存在於每個常態的人底思維裡而被他所不自覺地據之而思維的理則，或型構；並不是什麼妙道。比方說，官廳出了一張告示，說：「凡屬吸鴉片的人都要槍決」，於是看了告示的吸鴉片的人便知道他有被槍決的可能。這是因為他知道他是吸鴉片的人中之一分子（無論是有意地想到或無意地想到），既然「凡屬吸鴉片的人都要槍決」，他當然也會遭槍決。我們所說的邏輯就是潛存於這樣的推論裡面的不變的理則或理型。我們現在要列舉幾個例子來說明邏輯之所以為邏輯的根本性徵：一切物體都有重量，一切書籍都是物體，所以一切書籍都有重量；凡屬生物都需要空氣，凡屬教員都是生物，所以凡屬教員都需要空氣。這裡有兩個論式。這兩個論式所涉及的物項各不相同，所表出的文字也各不相同。從這些方面看來，這兩個論式是兩個相異的論式，但是，如果我們從型式方面著想便會發現書籍、物體、空氣、生物、教員等等都是浮面的東西；我們代以其他物項亦無不可。論式雖有兩個，而它們所含有的關係和所顯示的結構卻只有一種。這也就是說，這兩個論式只含有一種關係，一種結構。簡單地表示出來便是：凡M是P，凡S是M，所以凡S是P；用更抽離的代值學的方法表示之，則爲$b - c = 0$，$a - b = 0$，$\therefore a - c = 0$。我們就這個型構解析一下，便可以知道邏輯底主要的根本性徵至少有後述的幾種。

## (一)抽離性

抽離性是什麼，我現在還不能適當地界定。我現在只能空泛地說，不具什麼特殊性與實質性的一種性徵，便是抽離性。這種性徵究竟是存於外界或名界，研究純粹邏輯學的人似乎不必過問。不過，在事實上，這種性徵可以由我們人類底思維作用構造出來或抽離出來。這種性徵之如何獲得，我們可以舉例說明一下：四個小子加兩個小子等於六個小子，四只兵艦加兩只兵艦等於六只兵艦；這幾句話裡所論及小子、兵艦雖不相同，但是它們卻有一個共同的方面。我們將這個共同的方面抽離出來便是：四加二等於六。這句話比較以前的幾句話要抽離些，因爲它可以有效於任何一種個體，不限於小子、兵艦而已。我們再進一步舉例：$8 + 7 = 7 + 8$，$6 + 4 = 4 + 6$。我們從形式方面看去，這幾個算式裡的數字是各不相同。但是將這些不同的數字撇開，假若我們抽離地從結構方面著想，那末便知道它們共包含一個型式。將這個型式抽離出來，便是：$a + b = b + a$，這個公式比較「四加二等於六」更要抽離些，因爲它不僅不受個別特殊事物底限制；而且不受個別數字底限制。

在邏輯裡也有相同的情形。如前面所列舉的一個型定方式，是很抽離的；它不受含有它的以任何形式表出的特殊命辭底限制。

㈡普遍性

因爲邏輯是抽離的，所以也就是普遍的。邏輯之所以爲邏輯，不僅僅是因爲它對於這一個或幾個特殊命辭有效，而且尤其是因爲它對於一切特殊命辭有效。邏輯學裡面可以適當地表示邏輯的型定方式都具有這種性徵。正因其有這種性徵，所以可以型定表示經驗世界底各方面的命辭；並不止如許多人所說的限於表示經驗世界底某些方面的命辭而已。例如，P∨P・⊃・P這個型定方式裡的P固然可以代替「資本家壓迫勞工」，也可以代替「國民應該愛國」。邏輯不知道命辭底內容是否相同。假若命辭底型式相同，那末，不管它們所意謂的事實相異得怎樣利害或相同得怎樣切近，在邏輯底圈子裡則總是相等的命辭。因此，也就受同一型定方式底型定。如將才所舉的型定方式固然可以型定「假若那個人是一個資本家或者那個人是一個資本家，那末那個人是一個資本家」這個命辭，也相等地可以型定「假若他是一個土匪或者他是一個土匪，那末他是一個土匪」。這個命辭，或含有這種型式的其他任何命辭都可以。這樣看來，可見邏輯是有普遍性的。所以，除非我們受了無可理喻的制約，否則沒有方法來證明邏輯（不是邏輯學）！只有效於表示這一部分的經驗的命辭；而無效於表示另一部分的經驗的命辭。

㈢簡挈性

邏輯既然是抽離的、普遍的，當然也就因之而是簡挈的。我們現在可以將這種道理大概地述說一下：

1. 邏輯之所以是抽離的，因爲它所涉及的是型式方面。命辭所表示的內容也許是無限的，而它所可含有的型式卻極其有限。往往有許多不同的命辭，而其所含有的型式卻只有一種。於是：一種型式可以型定含有它的一切在形式上各不相同的命辭，不管有多少。這當然是很簡挈的了。

2. 邏輯之所以是普遍的，我們已經說過是，因爲一種型式可以型定含有這種型式的一切命辭。既是這樣，那末自然因而是極其簡挈的。例如眞$b-c=0$，$a-b=0$，$\therefore a-c=0$；$ab=0$，$cb\neq 0$，$\therefore c-a\neq 0$這兩個型定方式可以型定一切斷定三段式。這眞是簡挈得可以了！

## ㈣不變性

這裡所說的不變：有兩種意義，一種意義是說邏輯底本身不變，還有一種意義是說邏輯不隨外在世界的事物之變化而變化。我們現在要分別地將這兩種意義討論一下：

1. 關於邏輯底本身不變這一點，我們不在這裡多加討論，也不能多加討論，只大略述說一下。邏輯底本身究竟爲什麼不變，這是屬乎哲學或知識論底範圍以內的問題，在研究純粹邏輯學的時候似乎不必過問，我們現在只要知道邏輯底本身是不變的就可以了。何以見得邏輯底本身是不變的呢？邏輯底本身之不變，可以由型式之不變看出來。許多型式固然可以互譯，但是這不過是表明某種型式與其他的某種型式在意義上有相等的可能罷了，而不是型式本身底變動。例如，$p\cdot q\cdot=\cdot\sim(\sim p\vee\sim q)$ Df，$p\supset q\cdot=\cdot\sim p\vee q$ Df.它們雖然可以這樣互譯，但是$p\cdot q$在型式上仍然是$p\cdot q$不能變動；其餘的亦然。這也就是說，它們在界說方面底相等，不能變更它們底本身。型式既然不變，邏輯底本身當然也不變。邏輯底本身變動之日，乃邏輯毀滅之日。邏輯毀滅之日，乃人類知識毀滅之日。

2. 關於邏輯不隨外在世界裡的事物之變化而變化這一點，我們將要較詳細地討論。邏輯爲什麼不隨外在世界裡的事物之變化而變化呢？這有如後的一些理由：

邏輯自成一個領域，並不必與外在世界一致，也不必不與外在世界一致。從心理方面說，邏輯固然發生於經驗，但是卻不像經驗科學一樣地建立在外在世界裡的可被經驗的事物之上。邏輯學裡常用：「否定」、「涵蘊」、「同一」、「空類」、「全類」等等東西來表示邏輯。試問：外在世界裡實有這些東西麼？這些東西可以被經驗麼？顯然得很，邏輯既然不是像經驗科學一樣地建立在外在世界裡的可被經驗的事物之上，當然也就不像經驗科學一樣地隨著外在世界裡的可被經驗的事物之變化而變化。

但是，這裡卻有一個問題，就是：邏輯既不隨外在世界裡的事物之變化而變化，但是用來表示邏輯的型定方式爲什麼可以型定表示外在世界裡的事物的種種命辭呢？這是因爲：1.邏輯既不斷定外在世界裡的什麼，又不否認外在世界裡的什麼（爲免除混淆起見，我們將經驗科學底肯定叫做斷定，將經驗科學底否定叫做否認，以示別於邏輯的肯定與否定；以後仝此）。它無任何條件地承認表示外在世界底各方面的命辭（參看以後）；2.外在世界底變化雖然繁複得可怕，但是表示這些變化的命辭所含有的型式卻極其有限。而且無論命辭底形式如何變動，但是它所含有的型式仍然不變。例如，ab=0，這是某種命辭所可含有的一種型式。含有這種型式的命辭之形式無論怎樣不同或無論怎樣變化，而它始終不隨之而變。如一切黃牛都是不識字的，凡屬兵艦都是不講愛情的，所有的阿米巴都不習哲學，這幾個命辭底形式雖然各異，但是它們同含有剛才所舉的一個型式；而且將所有的阿米巴都不習哲學這個命辭變成沒有阿米巴習哲學這樣的形式，還是一樣。由此可見外在世界有何變化，表示它的命辭雖然隨之而不同，但是因爲不同的命辭可以含有同一的型式，所以邏輯雖是不隨外在世界裡的事物之變化而變化，而表示邏輯的型定方式仍然可以毫無阻礙地型定表示外在世界裡的事物的種種命辭。

或者又有人說：「外在世界裡的事物常變不息，昨日的甲不是今日的甲，今日的甲不是明日的甲。然而邏輯不變，老是在那裡斷定（他們所說的不是肯定）甲等於甲，這怎麼能夠用來對付經驗呢？這豈不是太呆板了嗎？」這種問題，完全是由於不了解邏輯之所以爲邏輯底根本性徵而發生的，我們現在要解析地討論它。

我們必須確切明瞭：邏輯的肯定和否定與經驗科學底斷定和否認完全不同。經驗科學底斷定和否認乃是關聯於外在世界裡的事物的斷定和否認。因此，它底眞必須決定於外在世界；它底妄也必須決定於外在世界：

否則都無意義。例如說：「有些天體是發光的」。這句話必須事實是如此才眞。如果在事實上沒有天體是發光的，那末這句話便不能成立。否認也是一樣。邏輯的肯定與否定則不然。邏輯的肯定與否定只是兩種型値而已，正好似數學裡的正負一樣，毫無事實上的意義，所以完全不關聯於外在世界底事物，邏輯的肯定與否定底性徵既是如此，所以既不斷定外在世界裡的什麼，又不否認外在世界裡的什麼（我們已經在前面說過）。如果我們要怎樣運用它們，只要不矛盾，便可以怎樣去運用，沒有一點的拘束，例如說中農已經變成富農，邏輯並不老是斷定中農總是中農而不變成富農（天下沒有這樣的邏輯！）。它也可以說富農等於富農。不過因爲客觀的事物無論怎麼變，而表示它的命辭總離不開必然底範圍（請參看以後），所以邏輯可以適用於表示任何情形的命辭。既是這樣，當然也就能夠生動無比地對付經驗而毫不呆板了。

「甲等於甲」不過是表示甲一定要是甲或任何東西一定要是任何東西的一個符式而已。它並不斷定甲等於甲，它只肯定甲等於甲。無論甲所可解釋的什麼是怎樣變動或變成什麼，仍然可以拿「甲等於甲」來型定。因爲：在變動中的任何東西不能不是在變動中的任何東西；既變成了任何東西的任何東西不能不是既變成了任何東西的任何東西。例如，在變動中的農人不能不是在變動中的農人；既變成了富農的中農不能不是既變成了富農的中農。這樣看來，「甲等於甲」這個符式可以符示任何情形，它無往而不眞，它根本不能或不致於爲妄，不過，這裡有一件事是我們必須確切注意的：「甲等於甲」這個符式固然可以型定解釋它的在變動中的農人等於在變動中的農人，中農等於中農，富農等於富農；但是在這個符式中它們卻沒有什麼差別。邏輯之不知道中農和富農有什麼差別，正猶之乎邏輯不知道英國軍隊與北極熊，男人與女人有什麼差別一樣。邏輯之視在變動中的農人以及中農和富農同爲可用同一符號（例如甲）表示的項目，正猶之乎它視牛、鬼、蛇、神同爲可用同一符號表示的項目一樣。邏輯只規定中農一定要是中農，富農一定要是富農而已矣。至若它們有什麼差異，或是否相同，這是經驗上的事，邏輯全然不理。不過因爲「甲等於甲」這類的符式既無往而不眞，所以雖然不知道它們是否相異，而仍然可以型定它們。這就是邏輯底巧妙處。事實上的情形是經驗科學底題材，當由經驗科學去研究，如中農和富農在事實上有什麼不同，是經濟科學底題材，可由經濟學家去研究。這一類的題材是邏輯範圍以外的物項。與邏輯全不相干，邏輯自然不聞不問，邏輯也無法聞問；即或稍一聞問，那末就不成爲邏輯了。一個最理想的邏輯學家，必定是對於外在世界無一所知的人！

## ㈤必然性

所謂「必然」究竟是什麼呢？必然是一種命辭底涵元（function）。我們平常所知道的二值邏輯裡的一切命辭莫不有眞有妄。這眞和妄就是命辭底型值。一個命辭底涵元總是眞的，如果它所涵有的命辭之型值或爲眞或爲妄的話；這樣的命辭涵元就是一個必然。在尋常二值邏輯裡的任一命辭不眞則妄，不妄則眞，二者必居其一，設有一命辭P，則P底眞妄可能有二，於是所形成的必然便是：P∨~P。這就是說：「P或者是眞的P或者是妄的。」在二值邏輯裡，P只有這兩種可能，已經盡舉了。如說：「那個物項或者是兵艦或者不是兵艦」，這是一個必然的命辭。無論如何，這個命辭不能也不致於爲妄。因爲這個命辭裡的「那個物項」既然可以說是兵艦，不是其他的東西；又可以說是不爲兵艦的一切東西，即除了兵艦以外的一切東西，如小狗或飛機，或唐克，或蘇州……。無論「那個物項」究竟是什麼，無論如何，總逃不出「或者是兵艦或者不是兵艦」底範圍之外。這樣看來，P底必然P∨~P對於任何可能的情形都眞。外在世界無論怎樣，而表現它的命辭絕對無法跳出必然底境界之外，所以邏輯也就無處不可適用，無往而不眞。

根據羅素大師底高足維根什坦（Ludwig Wittgenstein）先生底解析，發現邏輯之所以爲邏輯，就是因爲它有這種盡舉可能的必然。他說：「邏輯底命辭都是些必然」（*Tractatus Logico-Philosophicus* 61.）。又說：「所以邏輯底命辭不說什麼」（它們是些解析的命辭，全書6.11）。他底這種意見，實已揭發了邏輯底眞相，而大大地影響晚近邏輯學家們對於邏輯的觀念。不過，他所說的「邏輯底命辭都是些必然」這話卻欠妥當。假若改爲「邏輯的命辭都是些必然」或「邏輯底命辭必須都是些必然」方才正確。因爲，在事實上，現在似乎邏輯學裡的命辭不都是必然的命辭。我們主張，一切是邏輯的命辭必須是必然的命辭，一切不是必然的命辭都不得認爲是邏輯的命辭。這也就是說，凡屬合乎邏輯的命辭一定要是必然的命辭。因此，即使邏輯學裡有不是必然的命辭，我們不承認它是邏輯的命辭。於是，所剩下的只有必然的命辭了。這樣，我們更可以明瞭邏輯底必然性。

## ㈥規定性

要知道邏輯有這種性徵，我們必須將表示邏輯的邏輯學考察一下。到現在仍然有許許多多研究邏輯學的人以爲邏輯學是一種規範科學（normal science）。所謂規範科學究竟是否可以說是科學，這個問題與本文沒有直接的開係，所以我們也就不在這裡討論。但是，無疑，邏輯學卻不是如一般邏輯學家所說的爲一種規範科學，這是什麼道理呢？

1. 一般邏輯學者之其所以認爲邏輯學是一種規範科學的，是因爲他們預先斷定邏輯學爲思維的學問。有了這個觀念，自然就隨之而以爲邏輯學是一種規範科學，它能規範我們底思維作用，以免陷入謬誤，但是我們已經在前面說過，邏輯學並不是思維的科學。既是如此，那末規範便失去了對象，而邏輯學之爲規範科學這句話，便也沒意義了。

2. 所謂規範科學即或可以叫做科學，也與經驗科學之爲科學大有差異。物理學、地質學、化學、生物學等等科學是在求了解自然；而規範科學則是決定行爲或價值或意義底標準。換一種話說，經驗科學所求的是「實然」，規範科學所求的是「當然」。除此以外，還有屬於超驗科學的一種規定科學（definitive science）。

這種科學很奇特：它既不求「實然」，又不求「當然」；它所求的只是「定然」。這也就是說，規定科學所求的是內部一致，沒有矛盾，有系統，有一定的倫序等等；除此以外的事，它一概不聞不問，邏輯學便是這種科學。所以，邏輯學不叫我們應當怎樣思維，也不叫我們不應當怎樣思維。稍習「現代邏輯學」的人當會知道「現代邏輯學」裡有所謂演繹程術，演繹程術首先規定有某一個或某些個原始概念，有某一個或某些個原始命辭。又藉著界說來規定某一個原始概念等於另外的某一個原始概念。然後，再根據這樣的種種規定，藉著推論原則與替代原則以施行推演。所推演出來的一切是早已被規定好了的一切。在這裡，除了規定的成分以外，並沒有絲毫規範的成分。因此，我們可以知道邏輯學是一種規定科學，而不是如許多究習邏輯學的人所說的爲一種規範科學。由邏輯學是一種規定科學，顯然可知邏輯是有規定性的。

## (七)純粹性

這個名稱不十分妥當。不過因爲現在還想不到比它較適合的名稱，所以只好暫時採用。表示邏輯的型定方式固然可加任何可能的解釋，然而一經解釋以後，就失掉了純粹性。純粹性一失掉，就不得謂之爲邏輯了，如$a\otimes(p\otimes c) = (a\otimes b)\otimes(a\otimes c)$，這是未加任何可能解釋的表示一種抽離型構的一個型定方式。$a + (d\times c) = (a + b)\times(a + c)$，這條公式則是對於前一型定方式之類的解釋。前者所表示的是邏輯；後者則否，不過它內面潛伏著邏輯罷了。這與$3 + 8 = 11$是算術裡的算式而「三個桃子加上八個桃子是十一個桃子」就不是算術裡的算式相似，因爲前者純粹是數之結合，所以是算式；後者給予了解釋——攙入了另外的成分，所以不能說是算式。一般批評邏輯或邏輯學的人沒有將邏輯底這種性徵了解清楚，以致不能將邏輯與解釋分開，於是對於邏輯或邏輯學的批評因之而不相干。

在以上我們已將邏輯底幾種主要性徵講過了。由此我們當可體驗到邏輯是什麼。將邏輯作爲對象的一種科學，就是邏輯學。

我們根據前面所講的關於邏輯的種種，可以推出如下的必然結論：邏輯不動，邏輯也不靜；即，與動靜問題無關。邏輯不唯心，邏輯也不唯物。邏輯不斷定外在世界裡的什麼。也不否認外在世界裡的什麼。邏輯絲毫不增加我們底知識，也絲毫不減少我們底知識；它只能將我們既得的知識處理得清晰明白，有條不紊。

從這個結論看來。我們就可以知道現在許多流行的對於邏輯或邏輯的說法是如何出於誤解，現在許多對於所謂「形式邏輯的批評是如何在學理上不相干。邏輯學這門科學已經有兩千年以上的歷史。經過來本之以後諸大師或少壯學者底精密研究。雖則到現在還沒有達到完全美備的境地；然而已經成有一種很精密很優秀的科學了。假若我們要了解邏輯或學習邏輯學或批評邏輯學，不可囿於一隅，只以亞里士多德底舊傳爲對象。我們必須放開眼界，盡力屏除自己底預先觀念，刻苦地細心究習來本之以後諸大師或少壯學者由畢生努力所得的更精深博大的寶貴成績，這樣，然後要了解邏輯與邏輯學或進而批評邏輯學，庶幾乎其可矣！

——原載《文哲月刊》，卷一期七（北平：一九三六年八月十日）

# 邏輯底性質與範圍

在歐美一般學院中傳習的「邏輯」（logic）肇始於亞里士多德。自此以後，邏輯底發展長期陷於停頓狀況。晚近九十餘年來，Boole及Frege等人開始重新研究邏輯，他們將邏輯底領域從日常語言而擴張及於數理範圍。於是，邏輯底發展，自十九世紀中葉迄今，呈突飛猛進之勢。我國明末清初葡萄牙人Francisco Furtado與李之藻譯亞里士多德《名理探》。自庚子年嚴復譯穆勒《名學》迄今已五十年。五十年來，邏輯一科逐漸被列爲大學或專科學校底必修課目。半個世紀底時光不算太短，可是，大多數學校似乎不僅對於國際學術上這一部門底新近成就充耳不聞，而且尚滯留在舊式教科書底階段，甚者即舊式教科書之傳習似乎也有問題。依作者之所知，只有極少數學校對於這一科比較注意，有的甚至擬在哲學系中分設邏輯組。這樣，邏輯底研究，在中國總算有一點萌芽。促成這點萌芽的人物可分三類：第一類，這一類底人可算是開風氣的人物。他們多從Whitehead、Russell、Moore及Sheffer等遊。他們在邏輯專技（logical technique）上雖少所獲，但多少沾染劍橋解析學派（Cambridge School of Analytic Philosophy）底風氣，因而爲學頗富於啓導力和感攝力。第二類，在第一類人物感染之下，這一類底人物從Mengenlehre大師Zermelo遊，造詣卓越。第三類，這一類底人間接受Hilbert之影響，但直接則受教於Heinrich Scholz。Scholz在邏輯方面雖似無何原本貢獻（original contribution），但爲一良好教師。因而從其遊者常善於教學。在這三類人物底合力之下，中國底邏輯究習，如假以時日，或可逐漸步英、美、德、波諸國之後塵。然而，大陸淪陷，俄羅斯化（Russification）開始，根除西方文化。斯學遂有絕傳之歎！

中國提倡邏輯究習爲時既不算太短，何以在一般情形之下邏輯究習大部尚滯留於舊教科書階段或竟搞錯了行呢？這多少須歸因於歷史條件。嚴格地說，中國沒有數學傳統。《算術九章》已成歷史陳跡；少數傳教士底翻譯或介紹也未獲得普遍的學習。中國之究習此道也是最近幾十年來的事，而西方底數學傳統較之現代邏輯底資格老得多。因之，中國研究數學的人很少注意到邏輯。於是，教習邏輯的事很自然而然地落到二種人身上：第一種研究哲學的；第二種，研究心理學或教育學的。我們現在要將這二種人教習邏輯常有的結果略予討論，並加釐清。

嚴格地說，中國只有孔子主義所形成的道統而沒有西方意義的學統。假若說中國有其學統，那末這個學統是從屬於道統的學統，並不是獨立於道統而自行單獨發展的學統。這個道統自漢代以迄太平天國之變長期支配著中國歷史文化以及精神底發展，於是也就桎梏了學統底發展。因此，中國也沒有邏輯傳統。先秦時代底名辨與政教倫理攪混在一起。公孫龍及惠施之流底名辨與知識論混同。即使在這些材料裡可以分析出純邏輯成分，像在沙裡可以淘出黃金一樣，分量不獨非常之少，而目在這些辯士之中，有些人底立意是爲政教倫理或「是非」底標準預立張本，與西方純「爲學問而學問」的邏輯大異其趣。這個關鍵非常重要。如果吾人首先不將這個關鍵辨析清楚，那末勢必引起許多混亂的結果。

在受道統長期直接或間接影響的中國學術界，即使到了現在，若干喜好哲學的人似乎還是特別以爲「哲學在一切學問中是最高的同時也是最根本之學」；雖然西方也有這樣的情形。（其實，在這一關聯之中，「學」底意謂已經不止於是純知識了。）這一語句是否爲眞不在本文討論之列，雖然這一語句對於一部分人所產生的心理效應可以滿足其自負之情。（嚴格地說，這一語句不僅有所assert，而且具有imperative的意謂。）但是，無論怎樣，若干喜好哲學的人既有這種種心理狀態——姑且這樣名狀，於是，他們碰見某些部門底學問，如果他們底組織能力足夠的話，往往很習慣地拿來安置於自己底哲學體系之下。（在知識結構上應否如此，不在本文討論之列。）既然如此，他們在研究某些部門底學問時，是常自覺地或未自覺地從自己所喜好的哲學基礎來思觀這些部門底學問。大部分喜好某種哲學者之教習邏輯似乎難得免於這種傾向。這樣一來，有些教習邏輯者常以貌似的邏輯名詞（Quasi-logical terms）講述其喜好的哲學，甚至於形上學。

也許有人辯說：「哲學與邏輯有關係，教習邏輯時怎麼不可以及於哲學呢？」「有關係」這一成語似乎用得很泛，因而它底意指頗爲混合（Vieldeutig）。對於這樣的成語，研究哲學尤其是邏輯的人必須經過反省的思辨才可使用。

如果所謂「哲學與邏輯有關係」底意謂是說哲學乃邏輯底基礎，那末依據同一的說法，每一門說得上是知識的學問都有其哲學基礎。如果哲學是每一門說得上是知識的學問之基礎，那末它便是這一類簇底學問之結構上的必然條件（necessary condition）。必然條件乃一切語句共同涵蘊的條件。被一切語句共同涵蘊的條件乃「無之必不然」但「有之不必然」的條件。既然它是「有之不必然」的條件，於是，在這一場合，即使標舉出來，亦不足以表示任何特殊關聯。如果所謂「哲學與邏輯關係」底意謂是「哲學與邏輯底關係正與哲學和其他說得上是知識的學問之關係相同而且非有此外的特殊關聯」，那末這種關係在這一場合殊無特別標舉之必要。如果紅、黃、藍三種顏色各別無殊地與光線有必然關聯，那末我們特別提出來說紅色與光線「有關係」，這有什麼要旨（significance）呢？

如果所謂「哲學與邏輯有關係」係意指哲學與邏輯有特別的「關係」，這也就是說，哲學與邏輯除了具有它與一般學問的關係以外，又具有它與一般學問所無的關係，那末，在進行這一論題，即討論「哲學與邏輯底種種關係」時，我們就是在討論「關於邏輯的哲學」（on the philosophy of logic）了。假若我們承認「關於邏輯的哲學」至多只是「邏輯後學」（metalogic）而非邏輯本身，正猶之乎數理哲學不就是數學，那末我們就得承認我們如談關於邏輯的哲學畢竟還是在哲學範圍以內而不是在邏輯範圍以內了。

這點劃分（demarcation）如不遵守，那末人間的學問勢必只有一種：它就是哲學。

依據以上的解析，結果，無論哲學與邏輯有無何種特殊關聯，研究哲學與邏輯底關聯總是在研究哲學而不是在研究純邏輯。這正猶之乎談物理哲學並非談物理學。一個嚴格的物理學家，可以談點物理哲學，也可以不談。如果他一點也不談物理哲學，並不妨害其爲一物理學家。Max Plank和A. Einstein諸大師之談因果問題，只能算是其物理原則之引伸而已。說句直率的話，他們談這些問題，對於他們，只是研究多年的一點餘興而已。依同理，一個嚴格的邏輯研究者如不談「邏輯後學」，並不妨害其爲一邏輯研究者，如果吾人教習邏輯應然的正常目的並非在貌似邏輯的名詞之下教習形上學，而是給予學生以嚴格的有效的推理訓練，亦若歐美一般大學自來所爲者，那末少談哲學問題，反而可以減少觀念的混亂，並增加推理訓練之效率。

作者在以上的解析，只在表明哲學與邏輯「有關係」不能隨意泛說，並沒有說哲學與邏輯沒有「關係」。哲學與邏輯底「關係」何在呢？我們必須實徵地點指出來。哲學與邏輯「關係」只在元學（ontology）和知識論（epistemology）。依波蘭邏輯家，如Lesniewski等人，所探究的而論，元學與類論（theory of classes）和關係論（theoy of relations）相應。知識論與邏輯如有接頭之處，不在舊說關於判斷（urteil）底構成或性質這一關聯上，而在眞理論（Wahrlehre）與語意學（semantics）二者底關聯上；二者在涉及眞假性質時有接頭之處。如果我們說哲學與邏輯有何「關係」，那末就在上述的範限（domain）以內。不過，我們必須分析清楚，二者在這一範限以內的「關係」多少是基礎相同的「關係」，不必是建構方面的相倚「關係」。因此，二者在這一範限以內的「關係」之研究乃哲學與邏輯之間的交界問題（borderline problems）。這類底問題最好還是歸諸「邏輯後學」，詳細的解析，也不在本文範圍以內。

我們再分析中國研究教育或心理學的人教習邏輯所常發生的結果。中國研究教育或心理學的人之教習邏輯者似乎頗受希勒（F. C. S. Schiller）和杜威（J. Dewey）這一路底人之影響。希勒底思想在血緣上與詹美士（W. James）底實用主義極近。他認爲知識不能由抽離於人生全部底經驗而形成。基於這一看法，他主張以「發現底邏輯」（logic of discovery）超過「證明底邏輯」（logic of proof）。杜威所著《思維術》（*How We Think*）一書曾爲中國研究教育或心理學而又從事教習邏輯者奉爲圭臬。希勒和杜威等人在思想上當然有其相當的成就和影響，然而，他們對於邏輯所作的主張是否與邏輯本身相干（relevant），這一問題暫不討論。我們現在所必須注意之點是，無論他們對於邏輯所作的主張究竟是否與邏輯本身相干，他們底說素在事實上給予中國之邏輯的教習以嚴重的錯誤引導（misleading）。這一錯誤引導之最顯著的地方就在將思維活動之心理的解析代替了邏輯的解析，以及將邏輯以外的（extra-logical）零星試驗方法認爲就是邏輯。受他們影響的人將邏輯之教習向這條道路引去。

我們知道，將邏輯律與所謂「思想律」混爲一談，本是一個傳統的混亂。而希勒與杜威這一路底說素所發生的效應，則增加或延長這一混亂。無論如何，思維演進的心理活動並非邏輯運算（logical operation），雖然吾人在作邏輯運算時有思維演進的心理活動發生。這正猶之乎打球動作並非打球規律，雖然打球規律須藉打球活動方能顯現。在作合於邏輯的思考時，思維的心理活動只有工具作用。這和用筆寫字相似，字不必因筆而異。同一邏輯規律，甲據之而思考，乙據之而思考，丙據之而思考……，結論一定相同。所以說邏輯有訓練思想之功。由此可知，在這樣的場合，思維的心理歷程或活動所依據的法則並非心理現象。但是，二者時相隨而起，致使許多人誤將二者混爲一談。吾人實際運思，有時「合邏輯」，有時則不合。由此可知思維活動與邏輯運算是二而非一。邏輯規律完全獨立於思維活動。即使吾人完全不引用邏輯規律，邏輯規律可能如故。任何多次的引用邏輯規律，既不增加其有效性，也不減少其有效性。在吾人研究邏輯時，邏輯之爲一客觀對象，正與數學在此場合之爲一客觀對象無殊。如其不然，推論沒有準則。推論沒有準則，便無效準可言。無效準可言，便不會被普遍公認。今推算有準則，且被普還公認，由此可以證明邏輯規律乃離特殊的思維活動而獨立之可能。而且，思維活動因常與邏輯規律衝突而產生種種謬誤（fallacies）。由此也可以證明邏輯規律並非思維活動之心理的規律。前者係非經驗的，後者則係經驗的。二者底性質截然不同，豈可混而同之？

也許有人說，邏輯規律之所以被叫做「思維律」乃因為吾人作合邏輯的思考時係純然藉助於思維活動，而不藉助於觀察或實驗。在實際上，解決代數學底問題，或純粹數學底問題，或思辨哲學底問題，亦莫不主要有賴於純思維活動，而甚少藉助於外界經驗。如果邏輯規律可以叫做「思維律」，那末這些東西何獨不然？

作者在前面已將一部分喜好哲學者和研究教育或心理學者教習邏輯所常發生的結果揭示出來並且予以批評。或者有人說：「你之所以作這些批評，是因為你之所謂『邏輯』與彼等之所謂『邏輯』不同。」這種說法牽涉到邏輯底界說問題，一談到界說問題，就頗為痲煩，而且不大容易使各人一致。依R. Robinson底解析，界說有word-word definition、word-thing definition，以及thing-thing definition之分。作者現在不預備牽涉到這樣的問題之中。作者現在所要表示的是，各人有應用名詞的自由，作者不預備排斥那一種用法。但是，作者卻有一點必須提起大家注意：在同一「邏輯」名稱之下，有著不同的內容或題材。康德底「transcendental logic」是決定理性認知底起源、範圍，以及客觀效準之學。黑格爾底「Logic」是包含Sein、Wesen及Begriff這樣三分的三大範疇的絕對理念之自身，自亞里士多德創建，中古經院學者注釋，以及現代若干數學家所擴充的「logic」是有效的推論方式之學。這三種「邏輯」底題材各不相同。因而三者雖然都叫「邏輯」，實在是同名而異實，在中國陸軍裡，叫做李得勝的士兵很多。現在，我們所遇到的眞正問題不是何者應享叫做「邏輯」之專利權，而是何者有一堆題材，這一堆題材傳統地為歐美一般大學所採用，作為訓練有效推論之基本工具。這是何者呢？毫無疑問，是出自亞里士多德的那一堆題材，及其以後的延長。然而，不幸得很，有一部分人將這一重要之點弄混亂了。

既然以「邏輯」名之的知識論，形上學，與出自亞里士多德的邏輯三者各不相同，爲什麼即使在學院裡也不免有混同之事呢？這有三個原因。第一，許多人認爲它們「有關係」；第二，歷史的積素；第三，自然語言之運用而符號語言不發達。第一種原因，我們已在前面略予解析，不再贅述，我們現在要分析第二和第三兩種原因。

雖然，亞里士多德是純邏輯底開山祖師，可是他底邏輯著作裡依然含有若干邏輯以外的成分。《工具論》（*organon*）包括六種論述：範疇篇、解釋篇、先驗解析篇，三者之中純邏輯爲主要題材；但是，後驗解析篇、辨證篇、詭論駁議篇，三者之中則含有不少知識論的成分。然而，這不足爲亞氏病。依一般情形而論，許許多多學問從初期演進到成熟期總不免經過不純階段而到達純的階段。幾何學從量地術進步到近世幾何學是經過這樣的階段的。化學從鍊丹術進步到今日的程度其間也經過這樣的階段。邏輯之學何獨不然？可惜一部分喜好哲學者似乎忽視這種情形，而猶以爲知識論、形上學與邏輯爲一家。學術底發展常由混同而分殊。今日邏輯已屹然獨立於哲學而成一獨立學科，正與心理學已獨立於哲學而成一獨立學科相同。許多邏輯家，如Gödel、Church、Tarski等至少於談邏輯時未談哲學。這一趨勢，是頗值注意的。當然，獨立發展的邏輯未始不可爲哲學所善用。所以，哲學家應須特別究習邏輯。

邏輯之所以易與知識論及形上學相混，除上述歷史的積素以外，在工具方面的理由，就是常用自然語言（natural language），而符號語言（symbolic language）不發達。自然語言是民族歷史文化底產品。各種自然語言固然可以通譯，但每種自然語言是每一民族底歷史文化、生活方式、情感累積等等因素底標記，這一方面底因素各殊，因而甚難通譯。在事實上，愈是歷史悠久而且被該民族視爲美妙的文字，愈富於附著物或意象聯想等等。這類底自然語言固然有表情達意之妙用，但正因有此妙用，常爲純抽象思維之累。不獨如此，自然語言因使用的時間長和範圍廣，於是不同的文字記號常表示一個意謂，或看似一個文字記號而所表示意謂又不止一個。例如，「現象學」（phenomenologie）一詞，其物理形樣或寫法在一種自然語言中固然只有一個，但是，它底意謂則不只一個：自十八世紀中葉以來，「現象學」一詞代表許多不同的概念：Lambert、Kant、Hegel、M. Lazarus以及E. Husserl各人所謂的「現象學」所指各不相同。自然語言既有此弊，所以易於產生意謂之混亂。數學或物理學常有獨立或半獨立的符號語言。因而二者幾乎沒有這些毛病。邏輯一科，自亞里士多德開始本已運用符號，如表達主詞與賓詞的符號，但是後世學者少繼承這一精神一直發展下去。他們多將邏輯題材囿於日常語言範圍以內。將邏輯題材囿於日常語言範圍以內，符號語言之運用就不發達。符號語言之運用不發達而常用日常的自然語文，於是非邏輯的成分自然而然地隨著自然語言之運用而夾帶進來。例如，邏輯傳統中有所謂「肯定」與「否定」。於是，一部分講歷史哲學者也談「肯定」與「否定」，並且說「否定之否定」，這樣的「邏輯」。於是許多人就將二者混同起來。這種混同眞可謂南轅而北轍。依邏輯之現代的眼光看來，邏輯傳統中的「肯定」與「否定」並不是肯定什麼，也不是否定什麼。而是二種運算，或者二種眞值（truth-values）而已。歷史哲學中之所謂「肯定」與「否定」以及「否定之否定」，其意謂根本不同：它們是關於「存在」的意念：或者是描述「歷史發展」的名詞。二者之相去，何止千百萬里！然而，何以常被混爲一談？這就是由於運用自然語言所產生的文字魔術（word-magic）使然。就自然語言底物理形樣或寫法來說，無論表示邏輯運算或眞值也好，或是表示關於「存在」的意念及描述「歷史發展」也好，都是用的「肯定」與「否定」這些字樣。因此，容易附會，容易混爲一談。所以，邏輯常與知識論和形上學相混。在符號語言中，類此的相混是不易發生的。自Boole、Frege、Russell及Carnap等大規模創建邏輯之符號語言以來，邏輯與非邏輯因素相混的情形更逐漸減除了。

自亞里士多德傳衍出來的邏輯，並非某某以「邏輯」名之的「一家之言」，或一派之說。它底題材經過許許多學者共同努力修正與擴充，因而它已經成爲一門學科。它之爲一門學科，亦若數學、物理學、生理學之各爲一門學科，所以，它與哲學中許多以「邏輯」名之的論說底關係，並不相當於「唯心論」與「唯物論」或「一元論」與「多元論」之間的關係。後面這些論說可以說是以「哲學」名之的一門學問裡面同在一平層上的掄選項（alternatives）。邏輯與這些論說之間的關係並非如此。果眞如此，那末我們也可依據同一原理說物理學與生理學二者是同一平層上的掄選項。顯然得很，我們不可這麼說，因此我們也就不可說邏輯與以「邏輯」名之的關於形上學或知識論的某某「一家之言」的關係是在同一平層上的掄選項。其實，亞里士多德傳衍出來的邏輯與哲學中的這些「一家之言」只有外在關係，至多只有歷史關係，而無內在關係。這也就是說，那些以「邏輯」名之的一家之言是邏輯以外的東西。邏輯和它們不發生派別關係。這與數學和它們不發生派別關係無有以異，如果我們一定要說邏輯有何派別，那末不是這些哲學裡的「一家之言」，而是在Russell影響之下的「Logistic School」與其後在Hilbert影響之下的「Formalismus」。這類基本觀念假若被弄清楚了，那末對於邏輯底研究和教學之展進上，一定可以免除許多故障或「拖泥帶水」的情形。作者在以下對於邏輯底性質和範圍所作的更進一步的解析，或許對於這類觀念之釐清上略有助益。

在Boole以前，由於符號語言不發達，邏輯底正格題材（proper subject-matter）是什麼，的確不易乾淨地點指出來；但自Boole以來，由於符號語言之高度發展，邏輯底正格題材是什麼，已甚易解答。依據現代的研究，邏輯底基本概念有而且祇有：truth-functional mode of statement compostion、quautification，以及membership三者。以這三者爲出發點，全部邏輯都可推衍出來。所以，邏輯底正格題材就是這三者之展演。

茲爲易於接近起見，先從最習見的例子開始：

假若每個人有死，而且蘇格拉底是一個人；那末蘇格拉底有死。

就這個例子所例示的而言，邏輯所要研究的是甚麼呢？不是「每個人有死」這個子句是否單獨爲眞的問題：究竟「每個人」是否「有死」這個屬於經驗的問題，讓生物學家或統計學家去研究好了。也不是「蘇格拉底是一個人」這個子句是否單獨爲眞的問題：這個問題讓歷史家去考證好了。邏輯家所要做的工作是，完完全全撇開「人」、「有死（的生物）」和「蘇格拉底」這些因素，尋出這個例子所顯示的型式結構（formal structure）。他要證明——不是證實——整個前例所顯示的眞乃型式地眞（formally true）。既然如此，於是前例所顯示的眞乃截然獨立於「人」、「有死（的生物）」和「蘇格拉底」這些因素。這些因素如果一概換去而各別地代以「英雄」、「勇敢（的人）」和「拿破崙」，那末前例所顯示的型式結構仍然爲眞：

假若每個英雄是勇敢的，而且拿破崙是一個英雄；那末拿破崙是勇敢的。

我們將前述二例中的「人」、「英雄」……等等因素一概抽去，可以得到下列純粹型式：

假若每個＿＿＿是＿＿＿，而且＿＿＿是一＿＿＿；那末＿＿＿是＿＿＿。

如果第一條線中塡的任何因素與第四條線中塡的因素一樣；第二條線中塡的任何因素與第六條線中塡的因素一樣；第三條線中塡的任何因素與第五條線中塡的因素一樣，那末這一型式結構對於一切情形爲眞。

由此可知，特殊因素與型式結構各自獨立（unabhaengig）：特殊因素簡直不影響型式結構底眞或假，所以，這些因素在型式中毫無重要性，在日常生活中，我們覺得這些因素是實的。恰恰相反，在邏輯推論型式中，它們是空的。邏輯家常說表示這類因素的符號爲變量（variables）。Carnap稱之爲「空位」（leerstelle）。

然而，如果前述「假若……那末……」，「而且」等字改變了，那末整個型式結構之眞或假便也隨之改變。這類字眼所表示的乃邏輯常量（logical constants）。邏輯常量實爲邏輯底主要題材之一。

從變量與常量之不同，吾人可知邏輯之型式性質。

爲對邏輯作進一步的認知起見，吾人茲又作進一步的說明。

設有如下的三個眞値函量格式（truth-functional schemata）：

(1) $\sim\varphi \vee \varphi$　(2) $\varphi \vee \varphi$　(3) $\varphi \cdot \sim\varphi$

在這三個格式之中，藉眞值解析法（truth-value analysis），吾人知，(1)爲永眞（allgemeingueltig）；(2)爲有時眞（erfuellbar）；(3)爲一矛盾（widerspruch）。(1)爲邏輯所優選的（ausgezeichnet）；(3)爲邏輯所必須排斥的；(2)所代表的情形爲邏輯所不管的。所謂(2)代表的情形爲邏輯所不管，意即(2)代表的情形與邏輯無干（logically indifferent）。依D. Hilbert與Quine等人底研究可以證示，邏輯底性質幾乎完全可藉記號的符徵（notational features）顯示出來。從記號的特徵，我們就可以知道(2)代表的情形與邏輯無干。由(2)代表的情形之與邏輯無干，我們就可知道從記號特徵之本身，邏輯就已撇開邏輯以外的成分，而不將它吸入邏輯系統以內，這裡所謂的邏輯以外的成分，意即可藉Carnap所謂的「摹述記號」（descriptive signs）來表示的一切因素。例如，「貓」、「蘭花」、「正，反，合」、「存在」等等。

根據以上的陳示，吾人可將邏輯之所以爲邏輯的幾種性質分述如下：

型式性（formality）一談到邏輯具有型式性，便容易使人聯想到在一部分人之間流行的一種口禪（cliche）：「形式邏輯不切實際，不足以了解歷史的發展法則。」對於這種流行的口禪，我們可以直截了當的說：邏輯本來是不切實際的；它底目的也不在了解歷史的發展法則。從一方面看來，「切實際」誠然是必須的，但這最好讓職司切實際者去做。我們不必因非歐幾何學與量地皮之事隔得遠而非難它。了解歷史的發展法則是歷史哲學之事，世上無萬能的學問。一種學問能盡一種功能便應存立。知識本是分殊的，祇有玄學癖好的人才喜建立一包羅萬象的大體系。如果邏輯是研究有效推論律則之學而不是形上學底代名詞，那末它與上述的目標毫不相干。

嚴格的說，我們在前面所說的(1)爲「永眞」及(3)爲「矛盾」，應爲在眞值函量條件之下的永眞及矛盾，我們切勿因字面相同而了解成爲哲學上的「永恆的眞理」（eternal truth）及所謂「對立物底矛盾發展」。在前列(1)、(2)和(3)中的 $\varphi$ 和 $\phi$ 完完全全並且乾乾淨淨地失去了它們可代表的特殊個性而受邏輯運算所安排擺佈。因此，$\varphi$ 和 $\phi$ 之間，除邏輯聯繫以外，別無其他聯繫，當然也無因果聯繫。$\varphi$ 和 $\phi$ 一旦落入(1)或(2)或(3)中便與外在世界絕緣而只推移代換於一邏輯世界內面，$\varphi$，$\phi$，……底推移代換展演而成邏輯演算（logical calculus）。邏輯演算是藉符號底排列組合而行的型式的演算。在這樣的演算之中，自然語言所夾帶的經驗成分、情緒、意象，以及其他邏輯以外的諸般雜歧，皆無由滲入。

依此，我們可以說：邏輯是型式的。凡非型式的皆非邏輯的。

不過，討論到這裡，我們還得更進一步，我們在以上說邏輯是型式的，嚴格的說，係相對於經驗事物而言。因此，我們說「邏輯是型式的」，這個語句底正格意謂應須是「邏輯是沒有經驗內容的」，我們說「邏輯是沒有經驗內容的」，這話並不涵蘊邏輯必然別無其他內容。我們在前面說過，邏輯底基本概念有三：復次，它還可以含容可由這三個基本概念衍產出來的數、函數等等。直到現在爲止，我們說邏輯是型式的，乃語意的解析（semantical analysis），而非語法的解析（syntactical analysis）。語法的眞理不能藉語法來界說。同樣，邏輯的眞理也不能藉語法來界說。從這一方面觀察，我們可以說邏輯是非型式的。前述邏輯底三個基本概念以及可由之而衍產出來的數、函數等等元素是邏輯底內容。作爲邏輯之內容的這些元素是非經驗性質的。我們說「邏輯是型式的」，這個命辭只在我們將這些非經驗性質的元素界說爲型式元素（formal elements）之條件下爲眞。顯然，以型式元素爲內容的知識不能不是型式的。

普遍性（generality）「所謂普遍性」可有幾種解釋。經驗科學底定律之普遍性乃藉推廣（generalization）或歸納（induction）而得到的。具有這種普遍性的科學定律常可涵蓋某一類現象或可適於說明某一類事例。於是，我們常說這種定律爲「眞」。這種「眞」乃經驗地眞（empirically true）。經驗地眞的定律建立於經驗基礎之上。因此，它也可被經驗基礎所顚覆。一個決定性的例外常可推翻一個定律。

邏輯的普遍性則遠不是這回事。即使，在開始學習的時候或了解的時候，邏輯之爲學多少須藉助於經驗；可是，既經習得，或者向前發展，則不需要經驗；不獨不需要經驗，而且必須棄絕經驗。因爲經驗有局限性與質礙性。這些性質桎梏普遍性。經驗既不是邏輯普遍性底基礎，於是它不能推翻邏輯普遍性。二者判若雲泥，各不相干也。雖然，邏輯毫不接觸經驗，但可接觸表示經驗的語句。表示經驗的語句不能不遵守語法規律（syntacticalrules）。一種語法規律適用於一切表示經驗語句。一切表示經驗的語句，如非無意謂，必須含有語法規律。相對於表示經驗的一切語句而言，語法規律是它們底prescriptions。

從這一方面解釋，邏輯底普遍性涵蘊著有效性（validity）。所謂有效，即是說，邏輯底公理或公式在每一種解釋之下都說得通。茲舉一最簡單的封纚語句（closed sentence）爲例，便可明瞭此意：

（X）（X＝X）

這個語句中的X代入每一種值，這個語句總是眞的，所以，這種「有效」，是「無往而不適的」。邏輯底公理或公式之所以如此有效乃因其位於一切特殊語句共同具有的中心。亦若位於多個圓形相疊的部分。邏輯的公理或公式被每一語句所涵蘊。既然如此，於是它們乃一切語句爲眞時所共同具有的必須條件。所以，邏輯底普遍性即是普遍有效性。

一致性（consistency）我們通常談話或作文時有一個最低限度的必要要求，就是必須「自相一致」，邏輯尤其如此。一個邏輯斯諦克系統（a logistic system）應須可能是自相一致之典型的榜樣，依A. Church：「在一個邏輯斯諦克系統中，如果沒有一個定理底反面是一定理，那末這個系統是一致的。」粗俗地說，一個邏輯系統必須不會從它自己底內部推演出矛盾的結論才是自相一致的。至少，一個邏輯斯諦克系統是演繹系統之一種。一個演繹系統自所設部分（given parts）開始至所得部分（derived parts），必須首尾一貫地至少對於一種「解釋」爲眞。這樣，這個系統才算是自相一致的。

然而，這一層容易要求卻不容易辦到，直到現在爲止，似乎沒有一個邏輯家敢說他所建構的系統能夠免於矛盾。這裡的困難何在呢？這裡的困難主要在於「決定問題」（Entscheidungs-problem）。Test與Proof不同。前者乃一機械的程術。後者只有半機械性。後者之獲致，至少一部分要靠才智，有時甚至要憑幸運。語句演算可藉Test來完全機械地決定。決定之程術有表格法（tabulation）或矩陣法（matrix method）以及Quine新近發明的眞值解析法。這些方法都是testing methods。藉著這些方法，我們就可以機械地決定前述(1)、(2)、(3)之類底格式是否爲永眞，或有時眞，或矛盾。這些東西，在這些方法之下，眞假情形決定地暴露無遺。因此，如有矛盾，立即可以決定。

但是，第一次函量演算（calculus of first order functions）以上的決定，就沒有這樣幸運。在這樣的場合，我們要決定一個公式（formula）是否即是一個定理（theorem），便無testing method可循，而必須藉助於proof。一藉助於proof，我們底決定把握就小得多了。在這種情形之下，我們就難得百分之百地保證我們底系統能夠widerspruchstreiheit。爲了對付這種問題，Hilbert創立其Beweislehre。

除了上述三種性質以外，自一九二二年以來，許多邏輯家認爲邏輯眞理底性質是套套絡基的（tautologisch）。這種說法顯係受維根什坦（L. Wittgenstein）底影響。維根什坦謂一切數學與邏輯眞理皆係套套絡基的。他以此爲一立說（thesis），而不作爲套套絡基底界說。這就很有困難。

至少，從技術著眼，這種說法底困難與前述一致性之決定問題正復相同。如果將套套絡基視作一語法名詞，那末它在語句演算中是可決定的。因爲，規定給一個公式的變量之眞值之數爲有限。可是，維根什坦主張將套套絡基概念擴張及於量化表詞（quantified expressions）。這樣一來，表格法便不復有效。直至現在爲止，決定量化表詞的test尚未見成立。所以，在目前，我們只能說，套套絡基是一種邏輯眞理。但是，我們是否可以反轉過來說邏輯眞理是皆爲套套絡基的，那就不易置辭了。

在以上我們已經分析了邏輯底性質，至此我們要討論邏輯底範圍。

關於邏輯底範圍，如果將教學上的需要一併考慮在內，那末便發生下列三個問題：

(一)是否將歸納法包含在邏輯以內。

(二)是否將傳統演繹法包含在邏輯之現代的研究以內。

(三)邏輯底廣狹問題。

其實，對於這三個問題的解答，主要地已經涵蘊在前面的一番解析之中。因而，我們現在所做的工作主要地是前面的陳示之演繹。當然，除此以外，還有必要的補充。

邏輯傳統（logical tradition）自亞里士多德創建以來，經過中古學者底注釋，以及其後若干人所作的部分修正，已經多少失其原形。雖然如此，它底演繹論之核心並未根本改變。它所著重的是主賓辭式底解析，定言語句A、E、I、O之分類，以及與之相聯的對當、質換、位換和三段式。除此以外，還有所謂三大思考律。及十六世紀培根（F. Bacon）出，著《新工具論》（Novum Organum），提倡以歸納法代替亞里士多德底演繹法。於是，邏輯傳統中又多一個部門。而這一個部門，在基本性質上，與原有演繹法是不相容的，現在的問題是：歸納法應否包含在邏輯之中呢？

培根底說素是否有何價值，這個問題此處姑置勿論——作者認爲有其相當的價值，然而，無論如何，他對於亞里士多德演繹法之反對是全不相干的。他底反對建立於一個預先假設之上：以爲邏輯應須是發現新知識之工具。這個預先假設，依現代的眼光看來，是錯誤的。雖然，邏輯底本身可因進步而在一個時期被看作是新知識，可是它卻沒有直接助人發現新知識的功能。邏輯底功能不在直接發現，而在證明、在釐清、在解析。所以，如果因邏輯不能直接助人發現新知而橫施攻擊，那末簡直是不相干的舉動。這和因眼睛不能聽聲而說眼睛無用是同樣的有趣。在人類知識底領域裡，證明、釐清和解析，至少與發現有同等的重要，這些程術，雖然不能直接助人發現新知，但可間接有所助益。

如果將歸納同演繹這二種基本性質不同的方法放在一種學問系統之中，那末在理論上實在引起困難。依邏輯傳統的說法，演繹是由普遍而推到特殊，歸納是由特殊推到普遍——其實這種說法非常成問題，這二者如何相容呢？在演繹論中，對當關係底推論告訴我們，如果具有存在意含的A爲眞，那末我們可以由之而推論到I爲眞；然而，如果I爲眞則A之眞假不定。可是，在同一本書裡的歸納論卻說可由特殊「推論」普遍。這等於說，由I之眞。可以推論A爲眞。同在一本書中，容納如此相左之二說，這怎樣辦呢？

依現代的眼光，自培根以來的歸納法，有些法則不能成立，有些法則不過是演繹法之應用，有些法則根本可以兼消於蓋然演算之中。例如穆勒底五律令之第五法，在基本上就是演繹法中的選取推論（disjunctive inference）。近九十餘年來邏輯發展底趨勢是還原到亞里士多德底正路：邏輯底研究嚴格地限於演繹法。一九三六年以來集世界邏輯家之大成所編行的*The Journal of Symbolic Logic*將這一趨勢表現得非常明顯。約一九二八年來，眞正出自邏輯家手筆的專門著作不必說，即便是他們寫的教科書，也很少再將歸納法容納於其中的。甚至於Reichenbach也沒有例外。

歸納法是否包含在邏輯裡的問題，我們已經略予分析。現在，我們要討論是否將傳統演繹法包含在邏輯之現代的研究以內。有些人迄今還以爲「傳統邏輯」與「現代數理邏輯」是「二種不同的邏輯」。這是很可惜的誤解。「傳統邏輯」這個名詞如有意謂，那末是在它意指邏輯發展底先一個階段，或意指一堆特定題材的時候；而不是在它與「現代數理邏輯」相「對待」的時候。這也就是說，「傳統邏輯」與「現代數理邏輯」是指謂同一的邏輯之二個不同的階段的名詞。金沙江是揚子江底上游。我們不要以爲這二個名詞之所指是截然不同的二條河流。所謂「傳統邏輯」與「現代數理邏輯」並無基本性質之不同。如果二者有何不同，只在精粗與廣狹之別。所謂「現代數理邏輯」根本就是亞里士多德統緒之延續。由於時代底推移，它比「傳統邏輯」底題材較廣，方法較精，以及記號之引用遠較周密。這種種不同，並非如張三與李四各爲二人，而是同一個人之少年與成年之別。既然如此，二者之間沒有不可踰越的鴻溝。

由於邏輯之現代的研究底題材較廣，方法較精，以及記號之引用遠較周密，於是邏輯底傳統演繹法可以完全兼消於邏輯之現代的研究之中。在邏輯之現代的研究裡，我們拿statement composition，第一次函量演算，或類底演算（calculus of classes）就可將傳統演繹法兼消無遺。不僅如此，而且在這種辦法之下，傳統演繹法裡的弊病，也就自然隨之而剔除淨盡。

這樣一來，是否將傳統演繹法包含在邏輯之現代的研究以內的問題，已經不成其爲問題了。剩下的問題就是邏輯底廣狹問題。

我們在前面已經說過，邏輯底始基元素有三：⑴truth functional mode of statement composition，⑵quantification，以及⑶membership。在這三種元素之間，邏輯家有所取捨。有的邏輯家取⑴與⑵而捨⑶。有的邏輯家⑴與⑵與⑶皆取。這種取捨之間的出入，便構成邏輯底廣狹之分。我們究竟何所選取呢？顯然得很，如果邏輯祇限於⑴與⑵，那末「玩意兒」太少了。這樣狹義的邏輯既不會使我們獲致甚多的推論能力，又不會結出豐富的果實。⑶則包含Mengenlehre。它爲邏輯底研究開闢了一個新天地，增長了人類底推理能力，並且在名理世界結出豐富的果實。所以，我們所應須選取的範圍，除了⑴與⑵以外，還得包含⑶。

作者在以上將邏輯底性質與範圍略予解析。在作這一番解析的時候，作者不得已地附帶批評了許多有關的——雖然不必是相干的——說法。也許有人說，作者底解析和批評是從數理邏輯派底觀點出發的。這一批評之批評引起所謂「派」的問題。作者願意對此問題略加討論。

所謂「派」似乎是不可隨便標尙的。誠然，學術上常有派別之分。但是，這種分殊，有時是由於同一題材發生不同的看法或提出不同的假設或使用不同的方法而形成的，有時是由於對同一題材之著重點不同而形成的。可是，無論由於那種因素所形成，學術上所謂的派別很少是學者自身特別標尙出來的，而多是後世歷史家爲了記述之便就前人研究成績之性質相近者予以命名而形成的。一部西洋哲學史最足以表示這種情形。邏輯之爲學，更不易例外。

依邏輯底性質而言，實在不容易談派別。這種情形與物理學相似。有些人以爲「試驗論理學」，「辯證法」，與自亞里士多德傳衍出來的邏輯，三者可以說是同一邏輯之不同的派別。這種說法所表示的似乎不是知識而是意見。這種意見如一旦凝固，似乎有助益於阻礙對邏輯之眞正的了解。「試驗論理學」與「辯證法」等等不能與出自亞里士多德的邏輯視作同一邏輯之不同的派別。這一判斷所根據的理由，作者在前面已予陳示，我們現在要從另一方面來分析。

我們在剛才已經說過，學術上的派別之分殊，有時是由於對同一題材發生不同的看法或提出不同的假設或使用不同的方法而形成的，有時是由於對同一題材之著重點不同而形成的。可是，在這一關聯上，無論看法、假設、方法和著重點怎樣不同，它們所要對付的是共同的題材。祇有在這些看法、假設、方法和著重點所要對付的是共同的題材的時候，才構成同一門學問之不同的派別。因爲，惟有在這些看法、假設、方法和著重點共同對付同一題材的這一關聯上，它們才發生比較作用；由比較作用而發生同異；由同異而產生派別。所以，在派別分殊之關聯上，共同對付同一的題材乃一根本重要之點。如其不然，即如無共同所擬對付的題材，或者，更明白地說，如果各種看法、假設、方法和著重點所擬對付的根本不是同一的題材，那末這些不同的看法、假設、方法和著重點根本沒有接觸點。既無接觸點，於是它們就碰不到一起。既然碰不到一起，於是它們無從發生比較作用。既然無從發生比較作用，於是無由發生異同。既然無由發生異同，那末所謂「派別」之分殊，從何而起呢？在物理學中，自牛頓以後，關於光之構成，有不同的假說。有人以爲光係由微點構成，於是而有微點說（particle theory）；有人以爲光係由wave所構成，於是而有wave theory。可是，無論是前說也好，無論是後說也好，二者所共同要對付的是同一的對象，即光。所以，我們可以勉強說二者是光學中之不同的派別。今所謂「試驗論理學」及「辯證法」等等，與出自亞里士多德的邏輯，有共同的題材麼？沒有。它們雖然被叫做「邏輯」，可是在內容上與出自亞里士多德的邏輯不同。這種理由，作者早已在前面分析過了。因此，我們如非出於流行的誤解，便不應將這些部門與出自亞里士多德的邏輯視作同一邏輯之不同的派別。

自Boole以降，邏輯漸漸多用數理方法和符號，於是而有所謂「數理邏輯」或「符號邏輯」（symbolic logic）之稱。因此，有些人以爲這是邏輯中之另外的「派」。吾人須知，現代邏輯家之所以創用這些名稱，除了恐怕引起前述的一些誤解以外，主要用意乃表示彼等底研究到一新階段。到這一新階段，邏輯已著重數理方法與符號之引用。他們並不是拿這些名稱來表示邏輯之現代的研究乃與亞里士多德傳統不相同的「派」。依作者之所知，新的邏輯家沒有自居於與舊的邏輯家「對立」的情形。就歐美而論，舊的邏輯家在幾十年來邏輯日新月異的進展力量之震撼下，逐漸放棄其舊壘，而向新的邏輯家學習。流行於歐美的邏輯教本之採用新近研究之成果者，正與日俱增。近代經濟學未嘗不相當採用數理方法與符號，沒有人因此說「符號經濟學」。我們不能因某一門學問引用數理方法或符號而輕易以「數理的」或「符號的」冠之。也許，如果人類底知識日向精密的途程發展，引用數理方法與符號之範圍愈廣，則其勢不能一一冠之以「數理的」或「符號的」等狀詞。如一一冠之，則殊失意義。今邏輯之現代的研究常冠以「數理的」或「符號的」等狀詞，如上所述，乃係表示邏輯發展到了大規模地引用數理方法與符號之一階段。嚴格地說，這是一權宜之計。這一權宜之計會因不必須而廢置。邏輯在亞里士多德時代也採取類似數理方法的方法以及若干符號。我們在前面已經說過，它和邏輯之現代的研究之不同，只是程度之不同，精粗之不同，並非基本性質有何差別。如非因中世紀之長期停頓，那末順著亞里士多德底脈絡，邏輯早應發展成今日的規模。所以，我們不能因邏輯之現代的研究常冠以「數理的」或「符號的」等等狀詞而誤以爲它們所表示的乃邏輯之不同的派別。依此，作者在前面所作的一番批評與解析，並非從邏輯底某一派之觀點出發的，而是從出自亞里士多德的統緒及其現代的研究出發的。

如果我們一定要說邏輯有「派」，那末所指應須是對於同一邏輯題材之不同的看法。時至今日，邏輯與純粹數學已成一物。關於純粹數學，因許多學者底看法不盡相同，而發生三大派別。這三大派別即是，除了我們在前面所提到過的Logistic School和Formalismus以外，還有Intuitionism。所以，如果我們一定要說邏輯有「派」，應該是指著邏輯內部之不同的說法而言，而不應該是指著「試驗論理學」或「辯證法」這些邏輯以外的東西而言。不過，我們在說邏輯有這些「派」的時候，有一點必須特別注意，就是：邏輯之所以有這些不同的「派」，並不是一定作爲研究之起點，而是Russell、Hilbert和Brouwer諸大師積多年的研究和技術訓練所產生出來的不同的看法所形成的。假若吾人對於邏輯的研究尚待開始，那末我們是否可以輕言派別呢？

——原載《大陸雜誌》，卷三期六、期七（臺北：一九五一年九月三十日、十月十五日）

附錄

# 論「大膽假設，小心求證」

近來在《祖國週刊》有許多人士討論這個問題。這一番討論引起作者寫這篇短文的興趣。因此，本文中一部分的論列是對這些人士底若干論點而發的。就作者所知，這個問題是方法學中很繁難而且牽涉頗廣的專門問題。作為一個開端，作者在此祇能對於這個問題作最粗疏的陳列。至於比較精細的解析，祇有待諸將來。

——作者

## 一

「大膽假設，小心求證」這兩句話之被提出，在中國已經有四十年了。四十年來，至少從事歷史考證工作的人士，多把這兩句話奉若圭臬。可是，什麼是「假設」？什麼是「證據」？在什麼情況下需要「大膽」？在什麼情況之下需要「小心」？「假設」與「求證」能否變成科學的律則？這些問題，都是方法學（methodology）上的重要問題。如果我們不將這些問題弄清楚，那末我們也就不能夠將「大膽假設，小心求證」這兩句話運用到適切的和最有效果的地步。我們在應用這兩句話時，在暗中摸索的時候多，運用得有把握的時候少。我們底科學因對於方法學的吸收沒有長足的進步而沒有長足的進步。既然如此，這些問題之釐清，對於促致我們底科學之進步，乃屬基本重要的。

## 二

為了避免或減少有關假設的糾纏和混歧的討論起見，在釐定什麼是假設之先，我們要有選擇地指出那些東西不是假設，至少不是方法學中所謂的假設。

假設（hypothesis）這個名詞，如果我們要用得在知識裡或科學中有意義，那末便不可用得太泛，而必須有一定的「指謂範圍」，假定一個「討論界域」（universe of discourse）中有兩個名詞X與Y，而且X與Y底指謂範圍泛濫，或作沒有限制的擴張，那末X與Y底用場可能彼此侵入。如果X與Y底用場可能彼此侵入，那末二者底「記號設計」（sign-design）雖各不同，但用法相等。如果二者底用法相等，那末爲了語言文字經濟的理由，我們可以在二者之中任擇其一而取消另一。比如說「共相」與「通性」。在科學語言中，或語言之科學的用法中，這一條要求是必須滿足的。在科學語言中，或語言之科學的用法中，我們要求不多用一個名詞，也不少用一個名詞。我們要求名詞能夠類似數學裡所要求的「堅硬體」（rigid body）。如果一個名詞像阿米巴似的變形，找不到一定的稜角，那末至少這個名詞不合科學之用。也許，文藝的描寫很用得著它。也許，玄學之徒會看中這樣的語言記號。因爲，這樣的語言記號正好作那些出自迷混頭腦的玄想之避難所。有了這樣的避難所以後，如果後設科學家（meta-scientist）利用邏輯解析及語意學等工具來清剿玄幻之談時，他們可以「此剿彼竄」。他們也可以很輕鬆地說玄幻之談較科學「高一層次」，因此不受邏輯解析及語意學等工具所「限定」。我們在這裡說名詞必須能夠類似數學裡所要求的「堅硬體」，這話底意思無非是說科學名詞底外範（extension）、內涵（intension），以及用法規律（rule of usage）都有明文規定。然而，這話並不涵蘊科學名詞底外範、內涵和用法規律，必須永遠僵凍而且一成不變。我們祇是說，科學名詞底外範、內涵和用法規律，在同一系絡（context）和同一要求之下，必須嚴格地「保持原狀」而不可稍微「走樣」。因爲，如果一個名詞在這些方面稍微「走樣」那末它就沒有「固定的指涉點」（fixed point of reference）。如果它沒有固定的指涉點，那末我們無法確定它在一個「指涉系統」（system of reference）中所處地位。任何一組語句如果含有這樣的名詞在內，那末是不堪作「認知的使用」的。這也就是說，它不能作表達的工具。可是，同一名詞，在不同的系絡和不同的要求之下，可以有不同的內涵和用法規律。但是，這種改換，必須以明文出之。「假設」這個名詞也不能不受這些約束。

假設固然不能免於主觀成分，因爲它底心理背景有時是主觀的，但是它並不停止在主觀上，並不以終於主觀而建立起來。談到這裡，我們必須對於科學底構成程式有深進一步的了解。我們通常所說的科學之構成包含兩個層面：一個層面是「作爲一個創造活動看的科學」（science as a creative acitivity）；另一個層面是「作爲一個建構看的科學」（science as an institution）。一般人所了解的科學常爲後者而少爲前者。其實，前者與後者，對於科學之形成而言，是同等重要的。前者與後者底分別，頗似演劇時後臺與前臺底分別；當著科學在其創造活動的層面時，它就是在後臺。當著科學在其建構的層面時，它便已來到前臺表演。作爲一個創造活動看的科學與作爲一個建構看的科學二者之間的關係，也類似後臺與前臺之間的關係。創造活動是科學之形成底必要條件。如果科學沒有創造活動打前鋒，開路，探險，那末科學是無由形成的。

科學的創造活動與藝術的創造活動，二者在心理的基礎上和程序上是相似的。前臺戲總是比後臺戲較整齊、熟練、圓滿或動人。當著眾人在前臺觀劇的時候，很少想到後臺是怎麼個光景。其實，後臺戲常常是看不得的；那裡在化裝，在試步，在忙亂。科學的創造活動與科學的建構之間的情況也是如此。我們祇知道，至少就高度發展的科學而言，科學是以系統整嚴，以精密，以確定著稱的，可是，這時，我們所看到的科學，是在前臺的科學，即已建構就緒的科學。在後臺的科學與在前臺的科學頗有出入。在後臺的科學，是在系統不整嚴，不精密，不確定的狀態之中的。在這種狀態之中的科學，與在創造中的藝術是有相似之處的。但是，藝術究竟不是科學。二者底分別何在呢？藝術底創造層面與建構層面固然也有分別，但是二者之間的劃分遠不若科學底創造層面與建構層面底分別之鉅大和明顯。邏輯和物理學如果不用數理方法來建構，那末簡直像一團一團沒有樣式的漿糊，不可能成爲科學的。除此之外，藝術之可貴，在它有獨特性。藝術創作家和藝術鑑賞家常有保持藝術的獨特性之傾向。科學則剛好相反。科學要將不整嚴的系統變成整嚴的，將不精密的報告變成精密的，將不確定的陳敘詞變成確定的。復次，科學盡可能地消除獨特性，追求普遍性。

雖然如此，可是當著科學尙在創造階段時，科學家面對經驗的基料（empirical data），要提出假設來作說明。既然如此，那裡能夠完全避免「猜度」、「投射」（projection）、「臆斷」（conjecture）等等心理作用呢？既然提出假設來作說明時不能完全避免這些心理作用，於是也就不能完全避免主觀作用了。其實，主觀並不怎樣有害，祇有停止在主觀上才有害；堅持主觀更有害，說些奇奇怪怪的玄學詞藻來掩飾主觀尤爲禍害之源。科學之所以爲科學，就在提出假設以後，遲早要交付檢證。檢證是客觀的程序，在這個程序中，主觀就會受到考驗：當著你底主觀通不過這一場考驗的時候，它就像參加入學試的學生一樣，被科學的主試先生刷掉了。

假設是不是「抽象」的呢？對於這個問題的解答，繫於日常語言中「抽象」一詞底意義。日常語言中所謂的「抽象」，似乎有這幾種意義：空洞、向壁虛構、無根之談，或不具體。如果我們說科學裡的假設是空洞的，是向壁虛構，是無根之談，那末這是遠離事實的說法。不錯，科學裡的某一組語句既然不叫做定律而叫做假設，其中一定包含一個或一個以上的未知數，但是這未知數所在的系絡或理論構造則是一個已知數。如果連這個已知數也不能確定，那末我們提出一組語句，根本就不知其所自來，不知把它放在什麼場所，毫無意義可言。復次，科學的假設中固然含有未知數，但是科學的假設不是盡人皆可提出；而且，對於同一未知數提出不同的$\mathbf{n} \geq 2$個假設，不見得一定是同樣有力（equally powerful）或同樣沒有力，而可以是其中有的假設比其餘的較富於說明力。例如，就物理學而言，要說明落體現象，不是每個人心頭會自然地湧出引力假設。在事實上，自古至今，千千萬萬的人面對千千萬萬的問題司空見慣，很少提出什麼假設來作說明。他們生息在這個地球上，隨日月轉，生兒育女，以老以死。祇有極少數富於思想警覺性的人，才會看出一般人看不出的問題，提出假設，試作解答。復次，對於同一現象提出的不同的假設，如上所述，也有說明力大小之別。這種差別之所以產生，除了神經活動的機運以外，主要地繫於假設的提出者平素的知識之深淺、訓練之高下和經驗之多寡。例如，假若愛因斯坦對於某一物理現象提出假設，我們沒有習過物理學的人也對於這同一物理現象提出不同的假設。我們所提假設之說中的概然率（probability degree），一定是小於愛因斯坦所提出的。因爲，他爲物理學工作五十年以上，而我們連五年也沒有。亞弗加德諾（Avogadro）關於氣體的假設之說明力就較達爾頓（Dalton）底說法爲大。從這一方面著想，我們就不能說假設是空洞的，是向壁虛構的，是無根之談的；而是多少有經驗作基礎的，多少有訓練作底子的，多少有知識作指導的。

假設是否是「不具體」的呢？如果我們說假設是抽象的所以也就是不具體的，那末我們對於假設的了解就是錯誤的。如果我們要指出錯誤之所在，那末必須了解什麼是抽象，以及抽象在科學中所佔的地位。日常語言中的「抽象」是什麼，我們現在不必作進一步的解析。科學語言中的抽象是可以用符號表示並且可以徵驗的一種約定（convention）。爲了易於明瞭起見，我們最好列舉一個例子。無論在邏輯中或在數學中有一個概念，叫做「交互」（commutation）。我們很容易用符號表示這個概念。不僅如此，在用符號表示這個概念的同時，我們還很容易看出這一概念構成的層級和層級底高低：

第一級抽象是從千千萬萬實例中抽離出來的。例如，一只蘋果加二只蘋果之和等於二只蘋果加一只蘋果之和；……從抽象的觀點看，第一級抽象較這千千萬萬的實例高一級。第二級抽象以第一級抽象爲其例。它較第一級抽象高一級。第三級抽象又以第二級抽象爲其例。它較第二級抽象又高一級。抽象底層級愈低者，普遍性

| 第一級抽象 | 第二級抽象 | 第三級抽象 |
|---|---|---|
| $1+2=2+1$<br>$3+5=5+3$ | $a+b=b+a$ | $AKB=BKA$ |
| $4\times7=7\times4$<br>$6\times8=8\times6$ | $c\times d=d\times c$ | |

（generality）底級距（range）愈小。反之，抽象底層級愈高者，普遍性底級距愈大。從這個例子，我們可以明瞭抽象是什麼，並且可以看出嚴格的科學思想底一種展演的軌序。

我們將「抽象」一詞底正式意義（literal meaning）弄清楚了，現在進一步詮釋科學中的假設是否爲「抽象的」。近三四十年來方法學家對於科學構造的解析，顯示每一門經驗科學係由三種成素建造的：一種成素是演繹的架構；二種成素是基本設定點或觀念；三種成素是經驗基料。我們要建造科學，這三種成素缺一不可。而演繹的架構是抽象的。粗疏地說，它是組織或安排經驗基料的章法。假設並非經驗基料。假設乃是演繹架構以內的觀念元目（entity）。任何一個語句S，如果不在某一演繹架構以內，那末說不上是一假設或不是一假設，任何一個語句S，有而且祇有被套入一個演繹架構以內，才說得上是一假設或不是一假設。而一切演繹架構都是抽象的。所以，假設不能不是「建構地」抽象的（constructionally abstract）。

假設不是玄談，也不是主義，更非迷信。有的人士將假設與玄談或主義，迷信混爲一談。這是完全沒有做過科學工作的表現。玄談底形式很多，色調也眞是令人目迷。我們在這裡不必理會所有的幻想小說。我們祇預備在此指出與我們的討論範圍相干的一種玄談。一種玄談可以叫做「歷史的先見」（historical prophecy）。所謂「歷史的先見」係對於未來的歷史行程或未來事件的預先之見。「科學的預測」（scientific prediction）是對於未來的事件作概然的判斷。這二者似乎是一事。其實頗不相同。「歷史的先見」係以什麼爲根據呢？不以既有的經驗事實爲根據；也不以概然理論和概然演算爲根據。它係以「先知的啓示」爲張本。「歷史的先見」靠什麼來定其眞假呢？它不靠證驗，祇靠群眾底信心！在事實上，先知底「歷史先見」應驗與否並非重要的事：應驗了自然是很好的；它更增加先知的權威，並且堅定群眾底信心。沒有應驗呢？沒有應驗也不要緊。今年沒有應驗還有明年；明年沒有應驗還有後年；……「科學的預測」則是以既有的事實和概然理論及概然演算爲根據的。

有些人士之所以將玄談、主義和迷信視爲假設，係因他們看出這些東西裡含藏著「不確定的」（indefinite）成分。假設裡面固然也含藏著「不確定的」成分，但是我們不能倒過頭來說含藏著「不確定的」成分的東西就是假設。和尚信佛，尼姑也信佛，我們不能說和尚即是尼姑。無論怎樣，如果經驗科學不能建構得像純粹數學（pure mathematics）或一邏輯斯諦克系統（a logistic system）那樣純淨，而是必須與感覺基料（sense-data）接觸的話，那末其中的「不確定性」（indefiniteness）是無法完全移除的。當然，科學家底主要工作之一是設法完全移除它，但是這在技術上還辦不到。問題祇在我們能夠將「不確定的」成分移除多少，而不在「不確定的」成分之有無。這種情形，在一方面，與我們迄今尚不能造出「絕對眞空」相似：物理學家沒有方法將一個容器中所有的氣體分子抽乾淨。

我們必須明瞭，科學的假設與玄談、主義、迷信之不同，倒不在於「不確定的」成分之有無，而在於基本態度之不同。假設是開放給批評的（open to criticism），可以置疑的，可以訴諸證驗的，可以隨時修正或推翻的。科學家從來沒有說某一假設是「絕對的眞理」。玄談是藉價值判斷或融貫說（coherence theory）來拒絕證驗的：或因其語言曖昧而根本無從批評。主義是主張一類的東西。這類的東西乃知、情、意之綜合品。而知在其中是最起不了支配作用的成分。在一主義之中，有而且祇有當知識可用來作情與意之工具時，或用以辯飾情與意時，才被安排在一「備員」的地位。近代若干主義常被當作「絕對的眞理」，不容懷疑。在一個部族中，如果有人懷疑迷信，甚或不依迷信行事，便會受到酋長底懲罰，或被開革於該一社群以外。

依此，馬克斯等人底「學說」，並不是假設。既然如此，馬克斯等人底「學說」爲什麼發生了這麼大的鼓動力？原因當然很多。不過，其中最重要的一個，就是因它不是假設；或者，至少馬克斯等人及其有組織的從徒不把它看作假設——即令我們看來其中有太多「假定的」成分（此處意即經不起證驗的成分）。一提到「假設」，有些望文生義的人就以爲「假設是假的」：稍懂科學的人知道假設中含有「試行的」（tentative）、

「不確定的」（indefinite）以及「未解決的」（unsolved）等等意念；因此，其中也就含有「姑且這樣說試試，確否且待證實」的意念。假設既含有這些意念，如果馬克斯等人及其有組織的從徒坦白地說：「我們底學說是假設性的」，那末有誰替他們作白蟻，作火牛，擋水龍頭，抵催淚彈，餵機關槍，做炮灰呢？就群眾底心理而言，群眾最喜歡和迫切需要的是monumental simplicity。這個名詞借自羅素。作者一時找不出一個恰當的漢文翻譯。一座牌坊，高聳入雲，它底紀念意義，簡簡單單地擺在那裡，眾人一望而知，就有這個名詞所說的作用。古老傳統的格言，也有這種作用。群眾心理也最喜歡和迫切需要simple certainty。這個名詞又很難譯成漢文。爲著易於了解起見，我們暫且把它釋作「簡單的確定性」。這也就是說，群眾喜歡並且需要那極其簡單明瞭而且絕對確定不移或確切可期的東西。有些人抓住了一般人底這種心理，強調「馬克斯主義是絕對的眞理」、「明天的勝利一定屬於我們」。他們作這些宣傳的時候，無一次不是以極度肯定的態度說出的。所以，千千萬萬的愚眾爲其所惑。

對於假設還有另一種誤解。

有不少的人士以爲像這樣的推論所表示的是假設：「如果明天出太陽，那末我們去遊山。」他們說「我們去遊山」與否，是看「明天出太陽」與否而定。姑無論這樣的推論對或不對，這種對於假設的了解是錯誤的。這種對於假設的了解之所以是錯誤的，係因將假設與條件推論（conditional inference）混爲一談。固然凡假設必須裝在擬似條件推論的形式中以行推論，但是裝在擬似條件推論的形式中以推論者不一定即是假設：條件推論的形式之本身尤其不是一個假設。基本的矩陣很容易證明這一點。如果以 p代換「明天出太陽」，以 q代換「我們去遊山」，那末 p及 q可能的眞假條件在二値邏輯中有下列四條：

(1) p眞 q眞
(2) p眞 q假

(3)　p假　q眞

(4)　p假　q假

在上列四種情形之中，至少(2)不合作假設底推論形式之用。而(2)是條件推論底可能形式之一（雖然它是假的）。所以假設所在的推論形式固然是條件推論，但是條件推論不就是假設。二者不可混爲一談。

嚴格地說，假設雖然被裝在條件推論形式之中，但是假設所在的條件推論之形式並不是

$$p \supset q \cdot p \cdot \supset \cdot q$$

也不是：

$$p \supset q \cdot \sim q \cdot \supset \cdot \sim p$$

而是：

如果p涵蘊q，而且q是眞的，所以p概然地爲眞。

這不是一個套套絡基（tautology）。所以，科學家實際引用的推論方式祇能算是quasi-conditional inference。傳統邏輯由於未作以上的分辨而把條件推論視爲假言推論（hypothetical inference）。這是一個誤置。這一誤置爲後來將條件推論與假設混爲一談的這種錯誤之一源。

## 三

我們現在要進一步釐定假設是什麼。

稍一分析，我們便可知道通常所說的「假設」多少有些歧義。從位置關係來觀察，假設有兩種：一種是在一個系統或理論構造之最初起點的假設；另一種是不在一個系統或理論構造之最初的起點上，而是在一個

系統或理論構造之其他位置上——可以在它底中間。前者又有兩種：一，在純演繹科學中的，例如在純粹幾何學或符號邏輯中的。這類的東西我們習慣地叫做「設準」（postulates），或「設理」（axioms）。我們在這裡所說的純粹幾何學，係指非物理幾何學（nonphysical geometry）而言。二、在經驗科學中的，叫做「預設」（presuppositions）。這樣的預設是一切經驗科學所必須預先設定的。例如，「自然齊一律」（law of uniformity of nature）、「獨立變化原理」（principle of independent variation）、「封閉系統」（closed system）等等。這些是一切經驗科學所共同設定，並非某一門經驗科學所單獨設定的。因爲，從理論上著想，一切經驗科學如果不設定它們將寸步難移。郝頓（Ernest H. Hutten）說：「我們在建造科學的系統時，既不需要『最終的事實』作基礎，又不需要『先驗的原理』作基礎。不過，如果我們不立預設的話，我們同樣也建立不起科學。」（Ernest H. Hutten: *The Language of Modern Physics*, 1956, page 226）在經驗科學中，這些預設常未明言說出。經驗科學家甚至很少理會它們。理會它們的人，常爲後設科學家（meta-scientists），或科學底哲學家。後一種假設爲在一個系統或理論構造中次於這些預設的位置上的假設。這類假設不像這些預設這樣普遍，而是特定的，或局部的。在每門經驗科學中，因未經證驗而尚未升格爲理論或定律的說法，就是這類假設。經驗科學家所常碰見的假設，就是這一類底假設。我們現在所要著重論究的也就是這一類底假設。

我們依前面說過的可知，任一假設必須以一個或多於一個的理論爲背景。任何一個或一組語句，如果不在任何理論背景之中，那末說不上是一個假設或不是一個假設。既然如此，我們要明瞭假設是什麼或假設在科學理論中的地位，於是必須弄清楚什麼是「理論」（theory）。談到理論，這幾十年來，中國人之間流行一種意見，即以爲理論就是各人隨意造出的一套說法。沒有這回事！並不是任何人隨便可以造出理論的。理論是而且祇是有嚴格科學訓練的人才造得出來的。不以邏輯律則爲章法，不以觀察基料作依據，沒有人造得出理論的。「理論物理學」、「理論化學」，都是比「物理學」和「化學」高深的學問，我們如果沒有高等數學加上物理學和化學的訓練，那末是不能懂得這兩門「理論」的。理論是什麼呢？郝頓說：「理論是爲確定的討論界域而構造的。我們在構造理論時，是將它再建而成一個語言系統。在這個語言系統中，具有基本概念、規律等等。」（同書page 235）我們可將這段話分析一下。

郝頓在這裡所說的語言系統，就是理論架構。理論架構必須滿足這四個條件：㈠可決定（decidability）；㈡獨立（independence）；㈢完全（completeness）；㈣一致（consistency）。在實際上，能夠同時滿足這四個條件的理論架構很少。我們在這裡之所以列舉這四個條件，是爲了將理論架構底型模定立出來，好讓建造或評論理論者有所遵循。不過，即令一組語句同時滿足了這四個條件，也衹能算是立起了理論架構，還不能算是理論。一個理論架構要能成爲理論，還得安上記述變數（descriptive variables）。（關於這裡所說理論架構必須滿足的四個條件，都有專門的意義。如果讀者想要知道這四個條件底專門意義，那末請讀Hugues Leblanc: *An Introduciton of Deductive Logic*，第五章）在科學中，一切理論底理論架構都是同型的，但是，不同的理論底基本概念不同，或記述變數不同，換句話說，不同的基本概念或記述變數決定著不同的理論。理論常成一型模。例如，牛頓物理學底型模是機械論的型模（mechanistic model）。近代物理學則否。

我們知道了理論是什麼，就可進一步釐定假設是什麼。柏普（Arthur Pap）說：「正如『假設』（hypothesis）這個字底字源所提示的，一個假設是關於我們不能藉著直接的知覺而知其存在的『潛在』或隱伏的事態之陳敘。」（Arthur Pap: *Elements of Analytic Philosophy*, page 321）格陵吾（Thomas Greenwood）說得更詳細：「假設是我們提出的一個原則。我們利用這個原則對於一個事實或一群事實作條件式的說明。或者，假設是關於某現象底基因何在之臨時的設臆。我們用這個臨時的設臆來指導我們怎樣從事觀察和實驗，直到藉著後來的證據所證實或否證爲止。一個假設之所以是條件式的或臨時定奪的，係因假設所依據者乃概然的及未充分的論據或要素。不過，假設並非隨便提出的意見，而是多少有事實根據的可予以證明的設臆。因此，我們可以希望在從假設推出的邏輯結論與可藉其他檢試而決定的現象之間有些契合之處。」（Dagobert D. Runes: *The Dictionary of Philosophy*, page 134，稍加刪節）在這個詮釋之中，除了把假設視作「原則」這一點作者不能同意以外，作者能接受格陵吾所作一切論點。

在一理論系絡之中，假設可能發生的情況有許多種。爲著易於了解起見，我們以最簡化的方法圖示兩種：一種是次級理論與次級理論之間的問題；另一種是次級理論與觀察基料之間的問題：

T表示高一級的理論；$T_1$、$T_2$表示次級理論；$O_1$、$O_2$表示觀察基料；$X_?$表示發生問題之點。如果次級理論或次級理論之間發生了不能溝通的問題，那末我們除了校核其間之邏輯的一致（logical consistency）以外，還得找出其間可能涵蘊的經驗語句是否可被$T_1$或$T_2$所涵蘊或不涵蘊。如果不涵蘊的話，那末就得修正或更換$T_1$或$T_2$。在這種情況之下，這樣的經驗語句所報告的觀察基料或可觀察的基料之存在是不定的。它究竟是否存在，還有待證實。

其次，如果次級理論與觀察基料之間發生問題，那末就是這一理論或其中所包含的某一理論不能說明或預料由觀察所得到的基料。原因何在？我們必須假定有一個或一組因子（factors）尚未被發現，而且如果它存在，那末就得修正或者就得更換該一理論。

這樣看來，無論在上述的哪一種情況之下，假設裡總含有想像的成分。

(1)

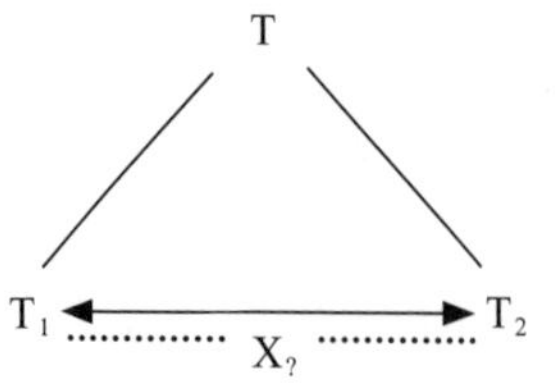


(2)

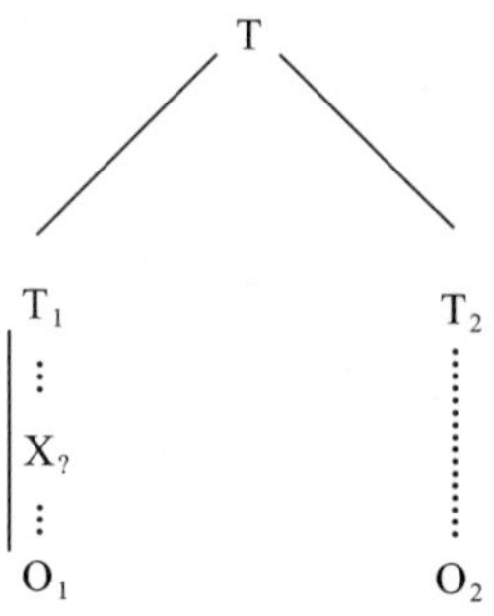

談到這裡，就很容易發生一個問題：假設中的想像與玄學的玄想（metaphysical speculation）有什麼不同呢？大不相同：第一，假設中的想像起於經驗，終於經驗。所謂終於經驗，即是一個假設底意義必須求之於其可證實的結論。現代科學——至少高度成熟的科學——所用的主要方法是「假設演繹方法」（hypothetico-deductive method）。這種方法底形式可以型定爲如前所列者：

p涵蘊 q，而且 q 是眞的，所以 p 概然地爲眞。

這種方法包括三個步驟：⑴從假設推演結論；⑵證實結論；⑶由結論底證實而推演到前提之概然的眞。復次，假設中的想像必須圍繞或緊貼著一系絡，才能盡它底功能。科學家藉著圍繞於這一系絡的想像，將理論甲與理論乙依形式溝通起來，將理論與事實嘗試地串貫起來。這兩個特點玄學的玄想幾乎沒有。所以，玄學的玄想與科學假設中的想像是不能相提並論的。我們必須明瞭，無論怎樣，科學不能完全避免「未觀察的元目」（unobserved entities）之羼入。既然如此，現代後設科學家爲什麼譴責玄學語言呢？玄學語言底毛病，並不全在它說出一些未可觀察的元目，而在玄學家不能提供任何方向或程序來將這些元目翻譯成可藉經驗證實的元目，因而無從確定它底認知內容（cognitive content）。

牛頓曾說：「*Hypotheses non fingo*」（吾不作假設）。他這一名言被後世許多人所誤解。他這一名言底意思是說，在作推演定律和觀察的需要之外，他不要添些假設來說明引力學說之已被觀察了的諸結果。鄧皮爾（Dampier）對這一點詮釋得頗爲明白：「牛頓縱然具有數學才能，他仍然試行保持一種經驗的態度。他一再表示他不作假設。他所謂不作假設，意即不作玄學的，不可證實的假設，或者依靠權威而接受的那些理論；並且他不提出那不能藉觀察或試驗來印證的東西。」（Dampier: *A History of Science*, pp. 173-174）粗疏地說，科學建立於事實之上。但是，科學並非一堆事實；一堆事實也成不了科學，沒有假設把一堆一堆的事實聯繫起來，科學就無從產生。然而，依據求簡原則（principle of simplicity），我們不要一個那在邏輯上地多餘的假設。所謂在邏輯上多餘的假設，即是不獨立的假設。所謂不獨立的假設，即是已被涵蘊在其他假設之中因而可從其他假設推演出來的假設。不過，同時，如果邏輯地需要的話，少一個假設也不行。所謂邏輯地需要的假設，即是可由之而推演出一個理論中所需要包括進來的一切語句的前提。

## 四

假設是否需要大膽，求證是否需要小心呢？這類問題，祇有洞悉怎樣建立有用的假設的那些「門坎」或「講究」，才能得到正確的解答。

嚴格地說，我們要建立有用的假設，並無至當不移的律則可資遵循。我們建立假設，有點像在漫漫黑夜裡打起一只燈籠探詢失落的鑰匙。我們借用懷德海（N. Whitehead）底用語來說，建立假設多少有點作「觀念的冒險」。雖然如此，不過，冒險冒多了的人，總得到一些經驗。他們憑這些經驗來建立假設，成功底概然律，比沒有這些經驗而全憑盲目摸索來建立假設要多。方法學家所提出的建立有用的假設之「標準」有這樣五個：

㈠假設必須與所要說明或預測的X相干。這個「標準」之必須遵守是顯然易明的。如果我們所提出的假設與我們所企圖說明的或預測的X不相干，而所涉及的是Y，那末我們便近乎「無的放矢」。因此我們所提的假設沒有達到我們預期的目標。不過，稍微作進一步的解析，我們將會發現這種說法是一種形式的要求（a formal claim）。在此我們所碰到的問題是：什麼才是「相干」。在我們未能確定什麼是相干以前，我們也就未能確定什麼假設才是與說明或預測X相干的假設。什麼是相干呢？就一個一個已經成功的實例而言，這個問題是可以解答的。換句話說，我們可以藉著枚舉方法來界定相干。可是，如果我們要給「相干」概念作一普遍的型定，那末至少直到目前為止尚未成功。作者所提出的型定方式是：就X底一切值而言，並且就Y

底一切值而言，於是，如果X發生則Y發生，而且如果X不發生則Y也不發生，那末X與Y相干。這一型定方式無異於說：如果X是Y底充足而又必要的條件（sufficient-necessary condition），那末X與Y相干。這樣一型定，把X與Y代入任何值時，不會將不相干的東西聯結成相干的。不過，這樣一型定，結果相干倒是相干，可是它太狹：許多科學工作勢必因此被迫停工。這一型定既有此弊，我們是否可以放寬尺度，說如果X發生而且Y隨之發生，那末X與Y相干呢？許多科學的實際工作（scientific practices）就是明顯地或默默地依著這條型定而進行的。但是，這條型定在邏輯結構上與*post hoc ergo propter hoc*（Y在X之後，所以Y係由X所生）有什麼不同呢？後者是老早被傳統邏輯列入「謬誤篇」而不許出售的。既然後者不行，我們怎能將與後者相等的前者拿來作相干底型定方式呢？至少作者個人想來想去，想不出相干底普通型定方式。至於所謂「內在關聯」（inherent connection）說，完完全全是文字遊戲。這樣的文字遊戲，對於我們型定或發現相干，絲毫運作功用也不起——沒有任何人因發明或使用這樣的名詞而對相干增加一點工作上的把握；不僅如此，而且徒徒使腦筋迷混的人更加迷混。所以，作者被迫暫時也走藉枚舉方法來界定相干之路。好在這一條路雖然稍嫌不夠經濟，但一點也沒有替科學工作者帶來迷眼之沙。恰恰相反，它可使科學家保持其「實事求是」的態度和認眞的工作「精神」。

(二)假設必須可被證驗。假設是由一個或一組語句構成的。這一個或一組語句究竟能否說明或預測X，必須能夠有一決定。換句話說，我們必須能夠決定這個假設底指謂是否與X相符。這一要求背後假定了一條「符合原則」（principle of correspondence）。作者願意把這樣「標準」從新道出（rephrase）一下：假設必須可被證驗或否證。為什麼一個假設不僅必須可被證驗，而且必須可被否證呢？這是為了防濫，亦即為了將可作假設的語句底類簇縮小。這樣說來，是否有語句既不能被證驗又不能被否證呢？多得很！玄學就是這類語句底總庫。玄學裡有許許多多語句，如果作為假設看待，那末永遠既無從證驗又無從否證。依辯證法而作的對於歷史行程的預測就是顯著的例子。辯證法，無論是唯物的或是唯心的，都是一丘之貉；二者同出一源；二者底形態相同；二者底架構相同，所不同者，祇是塡料各異而已。所以，二者之爭，不過是蠻觸之爭。正、反、合這些字樣所指謂的，是把事實陳敘與價值判斷絞合起來的東西。當事實陳敘詞窮時，辯證法者就拿其價值的一面來因應。當著價值判斷失靈時，辯證法者就拿其事實的一面來搪塞。這樣的語言聯鎖，劃不斷眞或假的限界。這樣的語言也許具有情緒的聲訴力，但是至少沒有語意的劃限（semantical circumscribing），也沒有「運作的意義」（operational meaning）。沒有語意的劃限和運作意義的東西，既無法證驗又無法否證。既無法證驗又無法否證的東西，是不適於作假設之用的。依此，如果一個假設可以證驗固然中選；如果可以否證，也是對於科學之進展有所幫助的；它可以使我們排棄一項錯誤；或者，可能還拖帶出其他合用的假設。

(三)較大的說明力和預測力。如果一個假設已被證驗，那末就已表示它具有說明力或預測力。說明力和預測力有大小之分，茲姑假定有$H_1$及$H_2$二個假設，而且這二個假設都具有說明力和預測力，不過$H_1$底說明力和預測力大於$H_2$底，那末我們取$H_1$而不取$H_2$。因爲，在這種情況之下，凡$H_2$所能說明及預測者$H_1$也能說明及預測，而$H_1$所能說明及預測者$H_2$不必能。既然如此，$H_2$就是一個多餘的假設。多餘的假設當然沒有保留的必要。例如，牛頓底萬有引力假設和三條運動定律與克樸勒（Kepler）或伽利略（Galileo）底假設之間的關係就是這樣的。凡後二者所有的觀察結果前者都有；可是，前者所有的觀察結果後二者有未包括者；所以，前者取代了後二者底地位。普遍底說，包含較廣的（more inclusive）假設兼消包含較少（less inclusive）的假設。

(四)簡單性（simplicity）。如果$H_1$和$H_2$具有相等的說明力，那末我們怎樣作選擇呢？我們選擇其中比較簡單的一個。這裡所謂「簡單」是說結構簡單。$H_1$和$H_2$兩個假設如果所包含的內容相等，但是$H_1$係由五個語句組成而$H_2$係由九個語句組成，那末我們選取$H_1$而不取$H_2$。科學是注重思想經濟的，在天文學中，有托勒美

（Ptolemy）假設和哥白尼（Copernicus）假設。這兩個假設之定立，都是爲的說明已知的天文學的觀察基料。托勒美所提出的假設是地球中心論（geocentric theory）。依照這種說法，地球是宇宙底中心，其他星球圍繞地球運行。爲了要能自圓其說，托勒美動用了極其繁複的數學工具，並且又要假定圍繞地球的軌道上又有許多環周小圓。這樣一來，他底假設設計（hypothesis-design）就弄得很複雜。哥白尼所提出的假設是太陽中心論（helio-centric theory）。依照這種說法，太陽是宇宙底中心，地球像其他許多行星一樣是圍繞著太陽運行的。哥白尼底假設中也假定了環周小圓，不過爲數較托勒美所假定者爲少。除了這一點以外，這兩個假設在其他一切條件之下者都是相等的。然而，就是因爲哥白尼底假設較托勒美底假設簡單一點，於是哥白尼底假設爲後世天文學家所接受。不過，到了伽利略，他底假設比哥白尼底更簡單，於是他底假設取代了哥白尼底。哥白尼底假設因此成爲歷史的陳跡了。

㈤假設必須與既成的理論相容。這一條是爲了維持治安！但是，科學領土裡的治安之維持，比社會治安容易不了多少。在科學的天地裡有兩種動力作用著。一種動力是保持現狀；另一種動力是突破現狀。我們說假設必須與既成的理論相容，這一要求是從保持現狀出發的。但是，這一要求不是絕對必須遵守的。在某些情況之下我們必須遵守這一要求；在另外某些情況之下我們可以不遵守這一要求。不過，究竟「某些情況」是那些情況，「另外某些情況」又是另外那些情況，這是很難決定的問題。

關於「假設必須與既成的理論相容」這一條「標準」有兩方面的困難：㈠如果完全遵守這一條，那末最顯然易見的結果是阻礙科學底進步：一切新的發現和新的假設都必須僵固地崁入舊的理論之中去。這樣一來，就是假定了三點：1.一切既成的理論是沒有失誤的（infallible）；2.一切既成的理論可以引用於整個的研究界域；3.眞理在這一新的假設被提出以前已全部爲人發現窮盡。顯然得很，這三個假設又是既無根據且無從證驗的。既然這一條在理論上有這麼多困難，所以不能要求我們絕對遵守。㈡如果完全不遵守這一條，那末勢必引起另外二種困難：1.如果每一次提出新的假設必須更換既成理論，那末一定引起科學領土內的無政府狀態。這種無政府狀態意謂著一項結論，即以前的科學家底成就全是錯誤的；2.我們如果不假定任何既成的理論作座標或靠背或出發依憑來否定舊有理論，那末簡直是不可能的事。這也就是，如果我們要否定既成理論，那末多少必須以既成理論作立足點。如果我們多少必須以既成理論作立足點來否定既成理論，那末就涵蘊著「有些既成理論是眞的」（I）。而「有些既成理論是眞的」這個語句與前述「沒有既成理論是眞的」（E）這個語句是互爲矛盾的。所以，如果我們完全不遵守這一條，那末便涵蘊著一尬尷的結果。推廣來說，一切「唯新主義」都涵蘊著自相矛盾。絕對的唯新主義是無處立足的。

依據這一番解析，我們知道這一條既不可完全遵守又不可完全違背。那末，怎麼辦呢？有的方法學家對這一條加一個限制，說「假設必須與既成的穩固理論相容」。這個限制毫無用處。如果既成的理論是無可更易的，那末我們就說它是鞏固的。如果它是被更易了，那末我們就說它不是鞏固的。它鞏固或不鞏固，是以它能否更易而定。這也就是說，鞏固的理論無可更易，可以更易的理論不鞏固。這種說法，是一套套絡基（tautology）。在這種場合，套套絡基對於這一條底約束力絲毫未能增加。所以，作者認爲這一限制之增加是多餘的。至少，從邏輯的觀點看，它是多餘的。

我們可以走的路似乎並不寬暢。我們既不能完全遵守這一條，又不能完全違反這一條。方法學家必須在這兩個限制之中打開一條出路。作者所提示的出路於下：

1.在沒有能夠確定地否證既成理論以前，我們與其說既成理論爲假，無寧說與它不相容的新假設不眞。

2.設有兩個新的假設$H_1$及$H_2$。如果$H_1$與既成理論相容，而$H_2$與既成理論不相容，那末我們寧取$H_1$而捨$H_2$。因爲，前者爲眞之概然程度高於後者。

我們不難看出，隱伏在1.與2.底下的基本理論是概然理論。

3. 如果既成理論必須修改或更換，那末修改或更換之級距（range）或幅度大小或所牽連的理論多少，須視說明或預測底範圍大小而定。就理論構造（theory construction）精密的科學而言，這簡直可以邏輯地決定（logically determine）。茲圖示於下：

如果X點發生問題，那末我們可以循這一理論構造向上追查到a。如果追查到a尚查不出毛病，那末我們可以再向上追查到B。……這很像你家裡電燈不亮時，你要考究原因在什麼地方的話，先檢查燈泡有無損壞，然後看開關、然後看家裡的電表。你用不著一下子就查電燈公司底總開關。你是否查電燈底總開關，這全看是否需要而定。話說到這裡，我們可以順便表示一下，從致知的觀點看，傳統哲學動輒追究「第一原理」（first principle），動輒要找「終極因」（final cause），實在是無謂，而且結果一無所得。傳統哲學上的那些說法祇能看作是想像的遊戲，用不著看得太嚴重的。科學不管這些東西，它在知識上的收穫豐而且富；傳統哲學好談這些東西，結果除了一大堆空虛的字眼以外，一無所得。

綜括以上所說的，我們可以下這樣的一個結論：我們在提出新的假設時不可輕易與既成理論抵觸，但亦不可固執既成理論。能在這二者之間調整出一條「最適的線」（optimum line），是方法學家所須時常致力的工作。

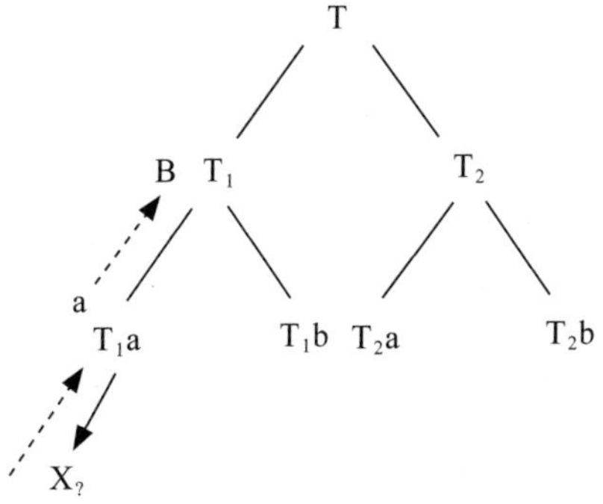

# 五

我們在以上將建立合用的假設的五個「標準」約略地分析了一下。提出了假設以後，接下去的工作就是求證。藉著求證，我們可以決定假設之去取。在許多情況之下，求證也不是一下子就能了事的。有些假設可以在技術上得到證驗，有些假設祇能在原則上予以證驗；有些假設可以直接證驗，有些假設祇能間接予以證驗。科學中的那些基本預設與假設，即令同爲假設，也不都是在同一的邏輯平面之上：假設還是有大小高低之分的。雖然如此，不過，追究到最後，科學家要求一切證驗必須可以化約而爲直接的證驗。所謂直接證驗，就是由觀察所得到的感覺基料的語句構成的證驗。簡括地說，這就是「感覺證驗」。藉邏輯之助，「感覺證驗」是假設底裁判所。科比（Irving M. Copi）說得很對：「科學之所以是經驗的，係因它要求感覺經驗乃其一切聲言爲眞時的檢試。」（Irving M. Copi: *Introduction to Logic*, page 390）關於這一路的道理，如果我們了解「科學底整合」（integration of sciences），那末便不難明瞭。

如果我們要說明尼泊爾高原上的大腳印是否「雪人」所留下的，那末我們就得確定是否有「雪人」存在。如果我們要確定是否有「雪人」存在，那末我們就得調用動物學的知識，並且乞助於生物學等等科學上的理論來幫忙構成假設。在這一場合，動物學的知識和生物學等等科學上的理論就比「雪人假設」後一層次。斯達林究竟是自己病死的還是被人謀害的，在目前我們祇有提出假設來解答。我們需要用來構成關於這一「個案」的假設的資料和理論之複雜，一定遠過「雪人假設」所需者：我們需要知道俄國史，當時政情，斯達林底健康狀況，以及醫學方面的知識。站在醫學知識背後的，有生理學、心理學、生物學等等。站在這些科學背後的，又有化學和物理學。因此，生理學等科學中因著發生說明方面的困難而提出的假設，就比醫學方面的假設後一層次。復次，如果化學或物理學有什麼假設必須提出，那末又較生理學後一層次。普遍地說，當我們要說明某一

「個案」而調用一種或多種科學理論構成假設時，我們總是「認爲」（assume）這些科學理論底本身是沒有問題的。在這種情形之下，「個案假設」屬於第一級，這些科學理論屬於第二級。如果屬於第二級的科學理論發生問題而需要提出假設來說明時，那末我們調動第三級的科學理論來支持。這是一個順序。我們沿著這個順序走多遠，這全視問題的需要而定。

我們在前面說過，在科學中，有的假設可以直接證驗，有的祇能間接證驗。粗疏地說，愈是關於具體事物的假設，直接證驗的概然率愈大。愈是關於普遍元目（entity）的假設，愈是不能直接證驗。但是，我們說它「不能直接證驗」，這話並不等於「不能證驗」。關於普遍目的假設還是可以證驗的，不過不能直接證驗，祇能間接證驗。雖然這樣的假設不能直接證驗而祇能間接證驗。可是並不因此減低它作爲假設的功能。不僅不因此減低它作爲假設的功能，而且愈可見其爲不可少者。之所以如此，係因：第一、可直接證驗的假設需要它支援或作背景。這也就是說在一理論構造中，可直接證驗的假設如要成立，那末邏輯地需要它。第二、它可以指導我們工作。這一可工作性（workability）就可以運作地視作它底證驗。所以，這類底假設可以說是「假設底假設」，原子論（atomism）曾是屬於這一類底假設。在我們要證驗這類假設時，首先，我們從所要證驗的假設推出一個或多個語句，而這一個或多個語句是可以直接證驗的。無論後者之眞或假，都可決定前者之眞或假。如果從被推出者決定了推出者之眞或假，那末推出者就算被間接地證驗或否證了。依此，理論經濟學中的基本假設也不能例外：它還是必須求證的。如果它是經濟學中個別的次級假設之背景或支持者，並且可以使經濟學家依之而有效地工作，那末它就算被證驗了。祇不過它被證驗是間接的罷了。在科學中，沒有一個假設在原則上是不需要證驗的。我們不能有一個例外。

# 六

我們在以上把有關假設與求證的種種「門坎」或「講究」梗概地陳示了一下。從這一番陳示，我們就可知道假設和求證都不是常識中所想像的那樣簡單的事。現在，我們可以問：假設是否需要「大膽」，求證是否需要「小心」呢？

首先，我們必須分辨清楚：「大膽」和「小心」都是心理狀態方面的事。心理狀態方面的事，與理論構造毫不相干。因此，「大膽」也好，「小心」也好，都插不進理論構造中去。在從事理論構造者底眼光中，他祇查看一個假設是否崁得進一個理論架構中去。至於這個假設由之而出現的心理歷程究竟是大膽還是小膽，在他看來是毫不值得注意的事。從前面的陳示我們應能看出，我們要能提出一個合用的假設，不能全憑直覺，全憑猜度，全憑想像，多少總得有些方法學的訓練才行。至少，如果其他一切條件相等，有這類訓練的人所提假設合用之概然程度高於未受這類訓練的人所提出者。依此，如果一個人沒有受過這類訓練而且對於那些與他所擬提出的假設相干的知識又未具備，那末他即令再「大膽」些，他也不見得「大膽」得出一個合用的假設。在這樣的情形之下的「大膽」，其實就是狂妄！狂妄者距離眞理似乎更遠。反之，如果一個人受過這類訓練而且對於那些與他所擬提出的假設相干的知識已經具備，那末即令他不「大膽」，也概然地提得出合用的假設。爲什麼呢？他可依上述的種種門坎或講究，循著理論構造而前進。求證亦然：凡在此對於假設所說的，*mutatis mutandis*，也可適用於求證。當然，以上的話並不表示每個有成就的科學家都受過方法學的訓練。可是，如果一個科學家有成就時，他底程序多少是與方法學相合用的。

海王星之被發現，可以例證上面所說的道理。

一八二一年巴黎鮑華特（Bouvard of Paris）公佈了有關若干行星運行的圖表，其中包括天王星在內。可是，當他在製作天王星運作圖表時，他發現極大的困難。這項困難就是不易將天王星在一八〇〇年以後的位置與天王星剛被發現時的位置弄得符合。到一八四四年，偏差就愈來愈顯著：有弧度二分之多。至於別的行星底運行位置，則與觀測結果相符，天王星底這種「異動」情形引起當時天文學界重大的論辯。一八四五年，青年天文學家勒弗利（Leverrier）認爲要說明天王星底這種「異動」，祇有假定尙有一顆行星在天王星以外。這顆行星底運行干擾天王星底運行。所以，它底運行位置依已有的紀錄越來越算不準。一八四六年年中勒弗利把他所作有關這一問題的計算完成。同年九月他致函柏林天文臺臺長嘉賚（Galle at Berlin），請嘉賚尋覓他所計算的位置上可能存在的一顆行星。九月二十一號夜晚，嘉賚果然在他所計算的位置一度以內發現天王星以外的一顆行星。這顆行星即以後所稱的海王星。這是天文學上的一個重大發現。固然，如果勒弗利底思想過分拘迂，那末很概然地他不會提出這個假設；可是，即令他再「大膽」些，如果他沒有數學訓練和天文學的知識，那末很概然地他不會提出這個假設的。

這樣說來，是否提倡「大膽」假設和「小心」求證一點用處也沒有呢？這又不然。我們在前面說過，科學除了是一種建構以外，又是一種創造活動。假設是一種與想像不可分的重要創造活動。「大膽假設」是向前開闢新境界的探求。「小心求證」是制約大膽開闢以便獲致可靠果實的一種程序。小心求證總比武斷或輕率地堅持一個結論致誤之概然程度小。我們與其武斷，不如小心。在另一方面，中國這個傳統尙權威。權威把學人底膽壓扁了。假定有一個人因此而過於謹愿，他發現如前圖所示 a 尙不足發現毛病而必須再向前追查以確定到 B 是否有毛病時，但 B 處因係高一級的理論，於是他趦趄不前。在這種情況之下，依理論構造他當進一步懷疑 B 處是否爲眞，有人提醒他「大膽假設吧！」，於是他就可進一步追查到 B 了。這就好像電燈壞了，先看燈泡有無問題，如看燈泡尙不能確定，接著進一步查開關一樣。在這一重要關頭，有人提出「大膽假設」助一臂之力，可使依理論構造當向前一步但因被權威所壓而退縮者據理挺進。這是頗有益於學術進步的。

# 七

最後，我們要討論提倡「大膽假設」與「小心求證」對於社會思想的效應。作者在上列第六節裡對於「大膽假設」與「小心求證」的批評，是從方法學的觀點著手的。如果從它對於社會思想的效應來觀察，那末「大膽假設」與「小心求證」對於中國社會簡直是「對症下藥」，利莫大焉。「不識廬山眞面目，祇緣身在此山中。」近若干年來，中國許多人對於外來的迫害和衝擊很容易認識出來；而對起於傳統並發自內部的思想形態所造成的自我封鎖，虛僞矯飾，僵固凝滯，絕對主義，特殊主義（particularism），則很少人有所認識。中國沒有「爲知識而知識」的致知傳統。中國底社會思想，在長遠的過程中，主要地係受「依鎖斯」（ethos）、「百鎖斯」（pathos）、社會神話、政治神話、德行神話，所封閉和支配。這些東西，對於一個農村社會可以發生凝結作用。農村社會極富於保守力，尊重傳統與習俗，對於新異事物極難接受和吸收。許多欣羨這種社會的人偏愛這種社會之「中流砥柱」式的效果。但是，這種人士底認知作用受他這種選擇的注意力（selective attention）所吸引，以致沒有看出這種類型的社會所隱伏的三種弱點：第一、缺乏應變能力：水、旱、饑荒、瘟疫、刀兵來時，成千成萬地被死神捲去。最奇怪的是，雨過天晴以後，大家似乎忘記了這一切，照樣以老方式耕作，以老方式繁殖兒女。明年的災害來時，同樣的功課又照舊溫習一遍。這種類型的社會之特色在能消極地忍耐。可是忍耐的代價是長期的痛苦和死亡。第二、這種類型的社會當其結構尚未崩解時似乎很堅硬；可是，一旦它底結構崩解，它底分子都變得不能照料自己，有如迷途的羔羊。第三、這種類型的社會之思想似乎是一道不透風的牆。牆裡的人極愛牆裡的空氣；牆外的風又吹不進來。可是，一旦這一道牆被颱風吹倒了，牆裡的人不是搖搖欲墜，便是傷風咳嗽。社會神話、政治神話和絕對主義所塑造成的心理型模和神經通路，很容易被人利用，塡上另一種內容。一個被傳統和權威所支配的社會，祇有信仰，少有知識；祇有教條。少有懷疑。一旦原有的信仰崩潰了，教條失敗了，殆難免於被整塊淹沒的命運。

提倡「大膽假設」和「小心求證」，可以有助於在社會思想上產生這幾種效應：第一、重致知。從前面所說的，我們知道沒有假設就不能產生經驗科學。沒有經驗科學根本無知識可言。所以，沒有假設就不能產生知識。如果我們常常養成提出假設的習慣，那末便是常常在致知的道路上用腦筋。「知識即是力量」，生於當今之世，知識優越者制人，知識缺乏者制於人。其中沒有討價還價的餘地。這一情勢眞是再明顯沒有了。今後我們要求免於淘汰，要能生存下去，祇有努力求知。我們要努力求知，學習怎樣提出合用的假設，乃一良好的開端。第二、發揮適度的懷疑心理。我們在前面說過，假設起於有問題。而問題之所以發生，係因有懷疑心理。如果沒有懷疑心理，一切視爲故常，一切認爲當然，那末問題就不會發生。我們今日要洗清傳統裡不可靠的部分，必須從懷疑傳統開始。我們今日要破除社會神話、政治神話、德行神話，尤須發揮懷疑心理。但是，懷疑（doubt）並不等於零化（nullify）。我們倡導懷疑，並非爲懷疑而懷疑。我們倡導懷疑，除了爲破除迷信以外，還有一個積極的目標，我們並不把懷疑當作目的，而係把懷疑當作獲得眞知之必要的程序。因此，我們要把懷疑調節到必要的限度以內。

「小心求證」在社會思想上的意義尤爲重大。頭腦固執或「信道彌篤」的人之「精神壁壘」似乎很堅強。其實，這種「硬殼主義者」最缺乏思想上的彈性。如果把表面那一層殼子打破了，他們裡面比電燈泡還要空虛：其彷徨無主之態，實在可憐。作者心目中認爲有思想彈性的主要典型人物是羅素。可是東方人能了解羅素的太少。不了解羅素而攻擊羅素的英雄好漢倒比較多。在我們這個社會中，抓著羅素所說「事素」（event）這樣一兩個名詞胡謅一陣，不愁沒有聽眾。在沒有太陽的地方，螢火蟲也成光明使者！如果我們抱著「小心求證」的態度，「不信一切沒有證據的話」，那末對於五花八門的宣傳辭令會保持一種有彈性的抗力。我們試設想：近幾十年來，如果咱們中國人受了良好的科學教育，對於一切宣傳辭令抱持「小心求證」的態度，那末就不致於像這樣輕信。如果大家對於這些五花八門的宣傳辭令不像這樣輕信，那末就沒有人跟著作白蟻，作火牛，而天下也不致於滔滔了。

# *Note*

# *Note*

# *Note*

國家圖書館出版品預行編目資料

邏輯對話與其他／殷海光著. -- 初版. -- 臺北市：五南圖書出版股份有限公司, 2023.01
面； 公分
ISBN 978-626-317-748-2 (平裝)

1.邏輯

150 111004434

1C1B 殷海光精選輯系列

# 邏輯對話與其他

## 一本「阿德勒與青年對話」最原本底功夫——邏輯

作　　者— 殷海光
發 行 人— 楊榮川
總 經 理— 楊士清
總 編 輯— 楊秀麗
副總編輯— 黃惠娟
責任編輯— 陳巧慈
校　　對— 吳浩宇
封面設計— 姚孝慈
出 版 者— 五南圖書出版股份有限公司
地　　址：106台北市大安區和平東路二段339號4樓
電　　話：(02)2705-5066　　傳　　真：(02)2706-6100
網　　址：https://www.wunan.com.tw
電子郵件：wunan@wunan.com.tw
劃撥帳號：01068953
戶　　名：五南圖書出版股份有限公司

法律顧問　林勝安律師事務所　林勝安律師

出版日期　2023年1月初版一刷
定　　價　新臺幣270元